SEOULTECH

# 한국어

**1B**

서울과학기술대학교

# 한국어는 미래를 선도하는 언어입니다.

한국어는 이미 국제적 언어입니다. 한류라 부르는 한국문화의 세계화 현상으로 한국어를 배우고자 하는 외국 사람들의 숫자가 날로 늘어가는 게 현실입니다. 몇 년 전 루마니아의 한 대학을 방문을 했을 때, 낯선 동유럽 국가에서도 한류에 대한 관심으로 한국어를 배우고자 하는 학생들은 많았지만, 한국어 교사도 부족하고 대학에 한국어 학과가 개설되기 시작한 시점이라 한국어에 대한 관심이 높았음을 보고 한국어는 이미 국제적인 언어가 되었다는 걸 알았습니다.

서울과학기술대학교는 지금까지 공학중심의 교육기관에서 글로벌한 대학으로의 위상을 높이고자 AI학과 등 첨단학과를 신설하는 동시에 다른 국가의 대학들과 활발한 국제교류를 통해서 발전하고 있습니다. 현재 한국어 프로그램을 운영하면서 한국어 교육을 통한 유학생 유치에 기여하고 있습니다. 하지만 새로운 도약을 위해서 새로운 한국어 교육 프로그램 개발 및 코로나 상황이후 비대면 교육에 대한 요구가 증대할 것으로 예상됩니다. 온라인 교육 프로그램을 운영하기 위해 대학 기관 한국어 교재가 필요하다고 판단해서 준비를 해왔습니다.

현재 수많은 대학기관의 한국어 교재가 나와 있지만, 국립국제교육원이 관리하고 있는 토픽(TOPIK) 시험이 말하기 분야도 추가할 계획이라서 새로운 패러다임이 한국어 교육에서도 반영되어야 하기 때문에 여기에 발맞춰 새로운 내용의 교재를 개발하였습니다. 수많은 교재들이 말하기 중심의 교육을 강조하고 있지만, 본 교재는 정확한 의사소통에 방점을 두고 만들어졌습니다. 또한 주제 중심의 대화문을 통해서 한국 문화에 대한 이해를 높이는 동시에 문법과 회화능력 향상에 목표를 둔 구성을 하였습니다. 이 교재를 바탕으로 예습 및 복습을 온라인으로 진행하는 플립러닝(Flipped Learning) 방식을 도입하여 모바일 교육의 혁신 방안을 추구하고자 합니다.

한국어가 국제적 언어가 되어가고 있고, 많은 나라에서 고등교육 기관에서도 한국어 강좌를 늘려나가고 있는 실정입니다. 이러한 한국문화에 대한 관심과 한국어 교육에 대한 열망을 생각하면 본 교재가 도움이 될 것이라 확신하며, 그동안 교재 편찬에 수고해 주신 교수님들께 감사드립니다. 이제 첫 권이 나오지만 이어서 출판할 교재도 새로운 한국어 교육의 욕구에 맞게 만들어질 것입니다.

한국어는 미래를 선도하는 국제적인 언어가 될 것입니다. 한국어를 사랑하는 모든 사람에게 이 교재를 추천합니다.

서울과학기술대학교 국제교육본부
본부장 남기헌

✖ 「SEOUL TECH 한국어」 1A는 한글과 1과~7과, 1B는 8과~15과로 구성되어 있습니다.

✖ 한글은 한글 소개, 한글 배우기, 종합 연습으로 이루어져 한글을 기초부터 체계적으로 익힐 수 있도록 하였습니다.

✖ 각 과는 한 가지 주제를 중심으로 '어휘', '문법과 표현 1, 2', '말하기 1', '문법과 표현 3, 4', '말하기 2', '듣고 말하기', '읽고 쓰기', '발음' 혹은 '문화'로 구성되어 있으며, 홀수 과에서는 '발음', 짝수 과에서는 '문화'를 다루고 있습니다.

✖ 한 과는 8~10시간용으로 구성되어 있습니다.

## 도입 : 학습 목표, 그림 제시, 본문 대화로 구성되어 있습니다.

● **그림 제시:** 본문 대화의 상황을 나타내는 그림을 통해 주제에 대한 학습자의 관심과 본문 대화 내용에 대한 이해를 높이도록 하였습니다.

● **학습 목표:** 해당 과의 학습 목표와 내용을 영역별로 제시하였습니다.

● **본문 대화:** 해당 과에 대한 도입으로 주제와 관련된 핵심 표현을 사용하여 대화를 제시하였습니다. 내용 이해에 대한 질문을 실었고 본문 대화는 QR코드를 찍어 필요할 때마다 간편하게 확인할 수 있도록 하였습니다.

# 어휘

**어휘와 예시 대화로 구성되어 있습니다.**

- **어휘:** 주제와 관련된 어휘를 선정하여 의미에 따라 범주화하고 그림이나 사진을 통해 이해하기 쉽게 제시하였습니다.

- **예시 대화:** 필요한 경우에는 예시 대화를 주어 연습할 수 있도록 하였습니다.

# 문법과 표현

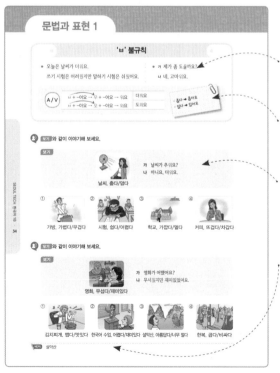

**예문과 형태, 연습으로 구성되어 있습니다.**

- **예문과 형태:** 문법이 사용되는 전형적이고 대표적인 예문과 결합 형태를 제시하였습니다.

- **참고 사항:** 참고 사항이나 불규칙 활용에 대해서는 따로 제시하였습니다.

- **연습:** 목표 문법 사용 능력을 높이기 위해 단계별로 말하기 활동을 구성하여 유의미한 연습 기회를 제공하였습니다.

- **새 단어:** 새로 제시된 단어를 하단에 제시하였습니다.

# 말하기

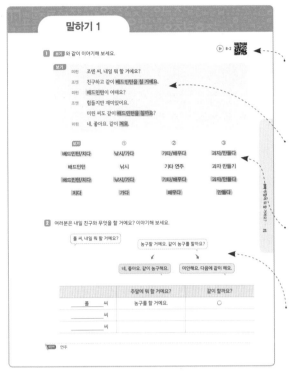

대화문, 교체 연습, 말하기로 구성되어 있습니다.

- **애니메이션:** 주대화 상황을 시각적으로 구현하여 내용 이해에 도움을 주었으며, QR코드로 제시하여 손쉽게 확인할 수 있도록 하였습니다.

- **대화문:** 의사소통능력을 향상시키기 위해 주제 어휘와 학습한 문법을 사용하여 대화문을 제시하였습니다.

- **교체 연습:** 주제와 관련된 어휘와 문법을 반복 학습할 수 있도록 색깔을 지정하여 익히게 하였습니다.

- **말하기:** 대화문과 관련된 주제 및 기능에 대하여 학습자가 담화를 구성해 봄으로써 말하기 활동을 강화시켰습니다.

# 듣고 말하기

도입, 듣기, 말하기로 구성되어 있습니다.

- **도입:** 듣기 전 주제와 관련된 질문을 제시하여 들을 내용을 추측하게 하였습니다.

- **듣기:** 주제와 관련된 대화문을 QR코드로 제시하여 손쉽게 들을 수 있도록 하였습니다.

- **내용 확인 문제:** 내용 이해에 도움을 주기 위하여 확인 문제를 제시하였습니다.

- **말하기:** 듣기 후 활동으로 학습자의 경험과 생각을 표현할 수 있도록 듣기의 주제 및 기능과 관련된 말하기 활동을 제시하였습니다.

# 읽고 쓰기

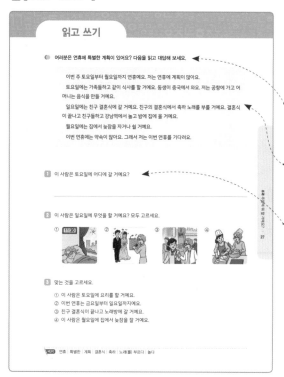

**도입, 읽기, 쓰기로 구성되어 있습니다.**

### 읽기

● **도입:** 읽기 전에 주제와 관련된 질문을 제시하여 읽을 내용을 추측하게 하였습니다.

● **읽기:** 학습자의 수준에 맞는 다양한 종류의 읽기 글을 제시하였습니다.

● **내용 확인 문제:** 확인 문제를 제시하여 글의 구조와 내용을 이해하는 데 도움을 주었습니다.

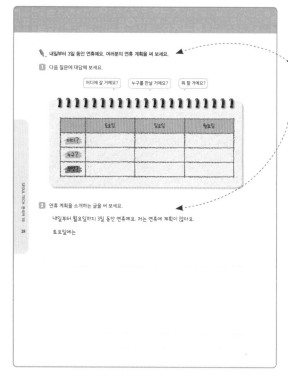

### 쓰기

● **도입:** 읽기 텍스트를 활용하여 쓰기 계획을 세우는 데 도움을 주도록 구성하였습니다.

● **쓰기:** 과의 주제 및 기능에 맞추어 학습한 문법과 표현을 활용하여 글을 쓰도록 하였습니다.

# 발음

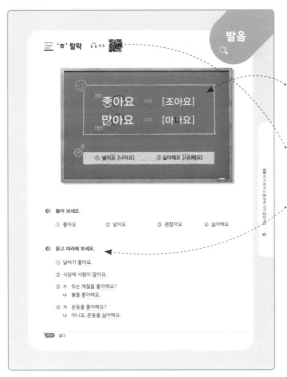

발음 규칙, 연습으로 구성되며 홀수 과에 수록되어 있습니다.

- **규칙:** 발음 규칙을 이해하기 쉽게 도식화하여 단계적으로 제시하였습니다.

- **듣기:** 대표적인 발음의 예를 제시하고 QR코드로 손쉽게 들어 볼 수 있도록 하였습니다.

- **연습:** 듣고 따라하는 연습을 통하여 문장 안에서 발음 규칙을 내재화하도록 하였습니다.

# 한국 문화

도입 질문, 한국 문화 설명으로 구성되며 짝수 과에 수록되어 있습니다.

- **도입 질문:** 각 과의 한국 문화와 관련된 내용을 질문으로 제시하였습니다.

- **문화 내용:** 과의 주제와 관련된 한국 문화를 학습자의 수준에 맞게 설명하였으며 이해하기 쉽도록 그림이나 사진을 제시하였습니다.

# 부록 : 모범 답안, 듣기 지문, 문법 설명, 어휘 색인으로 구성되어 있습니다.

## 모범 답안

'한글', '듣고 말하기', '읽고 쓰기' 문제의
정답을 제공합니다.

## 듣기 지문

'듣고 말하기'의 지문을 제공합니다.

## 문법 설명

'문법과 표현'에서 다룬 문법의 핵심 정보
를 제공합니다.

## 어휘 색인

교재에 수록된 어휘를 '가나다' 순으로
정리하여 해당 쪽수와 함께 제공합니다.

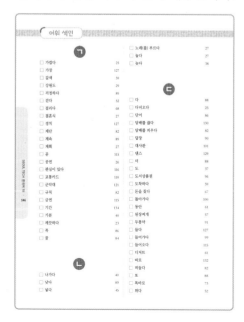

# 차례

| 단원 | 주제 | 어휘 | 문법과 표현 | 말하기 | |
|---|---|---|---|---|---|
| **8과**<br>주말에<br>뭐 할 거예요? | 여가<br>생활 | 취미<br>주말 활동<br>빈도 | V-(으)ㄹ 거예요<br>V-(으)ㄹ까요?<br>V-거나<br>V-고(나열) | 주말 계획 묻고 답하기<br>취미에 대해 묻고 답하기 | |
| **9과**<br>비가 와서 도봉산에<br>가지 않았어요 | 날씨와<br>계절 | 날씨<br>계절<br>형용사2 | 'ㅂ' 불규칙<br>A/V-지 않다<br>A/V-아서/어서(이유)<br>A/V-겠- | 날씨 묻고 답하기<br>좋아하는 계절 묻고 답하기 | |
| **10과**<br>뭘 드시겠어요? | 주문 | 높임 표현<br>식당과 음식<br>음식 맛 | V-고 싶다<br>V-고 있다<br>V-(으)시-<br>V-(으)세요 | 지금 하고 있는 일과 하고 싶은<br>일 말하기<br>식당과 커피숍에서 주문하기 | |
| **11과**<br>지하철로<br>한 시간쯤 걸려요 | 교통 | 교통수단<br>교통 관련<br>어휘 | N으로/로<br>V-(으)러 가다/오다<br>V-아서/어서(순차)<br>'ㄹ' 탈락 | 지하철로 가는 방법 말하기<br>길 설명하기 | |
| **12과**<br>약을 드시고<br>푹 쉬어야 해요 | 병원 | 신체 관련<br>어휘<br>증상 관련<br>어휘 | V-지 마세요<br>N이나/나<br>못 V<br>V-아야 하다(되다)/<br>　-어야 하다(되다) | 약국에서 증상에 대해 말하기<br>거절하는 이유 말하기 | |
| **13과**<br>이번 주말에 영화를<br>볼 수 있어요? | 약속 | 약속<br>선물 | V-(으)ㄹ 수 있다/없다<br>V-(으)ㄹ게요<br>V-기 전에<br>V-(으)ㄴ 후에 | 약속 제안하기<br>약속 거절하기 | |
| **14과**<br>한국에서 도자기를<br>만들어 봤어요? | 경험 | 한국에서의<br>경험<br>서울의 시장 | V-아 보다/어 보다<br>V-지 못하다<br>A/V-(으)면<br>A/V-(으)니까 | 한국에서 가 본 곳에 대해 말하기<br>한국에서 해 본 경험에 대해<br>말하기 | |
| **15과**<br>친구가 안내해<br>주기로 했어요 | 여행 | 여행 관련<br>어휘<br>여행 준비<br>여행 순서 | V-(으)려고 하다<br>A-(으)ㄴ<br>N보다<br>V-기로 하다 | 여행 경험에 대해 말하기<br>여행 계획에 대해 말하기 | |

| 듣고 말하기 | 읽고 쓰기 | 발음/문화 |
|---|---|---|
| 주말 활동에 대해 듣고 말하기 | 연휴 계획에 대한 글 읽기<br>연휴 계획에 대한 글 쓰기 | 문화<br>한국인의 휴가 |
| 계절 음식에 대해 듣고 말하기 | 한국의 계절에 대한 글 읽기<br>자신의 나라 계절에 대한 글 쓰기 | 발음<br>'ㅎ' 탈락 |
| 주문하는 대화 듣기<br>주문하고 싶은 음식에 대해 말하기 | 물건 주문하는 글 읽기<br>주문한 물건에 대한 글 쓰기 | 문화<br>한국의 음식 배달 문화 |
| 친구 집 방문에 대한 듣기<br>집에서 학교까지 오는 방법 말하기 | 유명한 장소 소개에 대한 글 읽기<br>유명한 장소 소개하는 글 쓰기 | 발음<br>억양 |
| 병원에서 하는 대화 듣기<br>아픈 증상에 대해 말하기 | 조언하는 문자 메시지 읽기<br>문자 메시지 쓰고 답하기 | 문화<br>한국의 약국 |
| 약속 바꾸기에 대한 대화 듣고 말하기 | 약속 취소에 대한 글 읽기<br>약속을 지키지 못한 경험에 대한 글 쓰기 | 발음<br>경음화 1 |
| 외국인에게 소개하고 싶은 곳에 대한 듣기<br>한국 친구에게 소개하고 싶은 곳에 대한 말하기 | 요리를 배워 본 경험에 대한 글 읽기<br>한국에서 해 본 경험에 대한 글 쓰기 | 문화<br>한국의 축제 |
| 패키지여행에 대한 대화 듣기<br>배낭여행이나 패키지여행 경험에 대해 말하기 | 여행 일정 안내에 대한 글 읽기<br>여행 계획에 대한 글 쓰기 | 발음<br>자음동화 2 |

# 주말에 뭐 할 거예요?

## 들어요 🎧

🎧 8-1

루카스   미린 씨, 주말에 뭐 할 거예요?

미 린    수영을 할 거예요. 수영은 재미있고 건강에도 좋아요.
        루카스 씨는 보통 주말에 뭐 해요?

루카스   저는 집에서 쉬거나 혼자 영화를 봐요.
        그래서 주말에는 조금 심심해요.

미 린    그럼 이번 토요일에 같이 수영장에 갈까요?

루카스   좋아요. 같이 가요.

1. 미린 씨는 주말에 뭐 할 거예요?

2. 루카스 씨는 보통 주말에 뭐 해요?

3. 이번 토요일에 두 사람은 어디에 갈 거예요?

# 어휘

## 취미

### 운동

**하다**
- 농구
- 축구
- 야구
- 수영

**치다**
- 테니스
- 배드민턴
- 탁구
- 볼링

**타다**
- 스키
- 스케이트
- 자전거
- 오토바이

### 악기

- 피아노를 치다
- 기타를 치다

- 등산
- 여행
- 영화보기
- 음악듣기
- 낚시

가 취미가 뭐예요?

나 제 취미는 영화보기예요.

SEOUL TECH 한국어 1B · **16**

## 주말 활동

①
②
③
④

⑤
⑥
⑦
⑧

**보기**

① 늦잠을 자다    ② 집안일을 하다    ③ 박물관에 가다    ④ 미술관에 가다

⑤ 독서하다    ⑥ 캠핑하다    ⑦ 그림을 그리다    ⑧ 외국어를 배우다

## 빈도

## V-(으)ㄹ 거예요

- 내일 집에서 책을 읽을 거예요.

  주말에 친구를 만날 거예요.

- 가 미린 씨, 방학에 뭐 할 거예요?

  나 제주도에 여행을 갈 거예요.

| V | 받침 ○ | -을 거예요 | 먹을 거예요 |
|---|---|---|---|
| | 받침 X | -ㄹ 거예요 | 갈 거예요 |

· 만들다 ➡ 만들 거예요
· 듣다 ➡ 들을 거예요

 보기 와 같이 이야기해 보세요.

보기

가 내일 공부할 거예요?
나 아니요, 운동할 거예요.

①    ②    ③    ④

 보기 와 같이 이야기해 보세요.

보기

하경      미린

가 하경 씨, 주말에 뭐 할 거예요?
나 친구를 만날 거예요.
가 미린 씨는 뭐 할 거예요?
나 숙제할 거예요.

①     ②     ③

폴      선우         자르갈      루카스         조엔      장홍

새단어   만들다

## V–(으)ㄹ까요?

● 가 같이 영화를 볼까요?

  나 네, 좋아요. 같이 영화를 봐요.

● 가 뭘 먹을까요?

  나 불고기를 먹어요.

| V | 받침 ○ | –을까요? | 먹을까요? |
|---|---|---|---|
|   | 받침 × | –ㄹ까요? | 볼까요? |

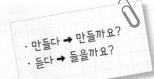

• 만들다 ➡ 만들까요?
• 듣다 ➡ 들을까요?

 보기 와 같이 이야기해 보세요.

보기

가 같이 점심을 먹을까요?
나 네, 좋아요. 같이 점심을 먹어요.

점심을 먹다

①

커피를 마시다

②

탁구를 치다

③

농구하다

④

미술관에 가다

⑤

산책하다

⑥

케이크를 만들다

💬 이번 주말에 뭐 할 거예요? 친구와 약속해 보세요.

보기

가 이번 주말에 뭐 할까요?
나 같이 영화를 봐요.
가 네, 좋아요. 무슨 영화를 볼까요?
나 코미디 영화를 봐요.
가 어디에서 만날까요?
나 학교 앞에서 만나요.
가 몇 시에 만날까요?
나 2시에 만나요.

| 뭐 할까요? | 무슨 _____? | 어디에서 만날까요? | 몇 시에 만날까요? |
|---|---|---|---|
| ① 영화 | ✓**코미디 영화**, 액션 영화, 애니메이션, _____ | 학교 앞 | 2시 |
| ② 운동 | 축구, 농구, 탁구, _____ | | |
| ③ 음식 | 한식, 양식, 분식, _____ | | |
| ④ ? | _____, _____, _____, _____, | | |

새단어 코미디 영화 | 액션 영화 | 애니메이션 | 한식 | 양식 | 분식

# 말하기 1

▶ 8-2

**1** 보기 와 같이 이야기해 보세요.

보기

미린  조엔 씨, 내일 뭐 할 거예요?

조엔  친구하고 같이 **배드민턴을 칠 거예요.**

미린  **배드민턴**이 어때요?

조엔  힘들지만 재미있어요.

미린 씨도 같이 **배드민턴을 칠까요?**

미린  네, 좋아요. 같이 **쳐요.**

| 보기 | ① | ② | ③ |
|---|---|---|---|
| 배드민턴/치다 | 낚시/가다 | 기타/배우다 | 과자/만들다 |
| 배드민턴 | 낚시 | 기타 연주 | 과자 만들기 |
| 배드민턴/치다 | 낚시/가다 | 기타/배우다 | 과자/만들다 |
| 치다 | 가다 | 배우다 | 만들다 |

**2** 여러분은 내일 친구와 무엇을 할 거예요? 이야기해 보세요.

폴 씨, 내일 뭐 할 거예요?

농구할 거예요. 같이 농구를 할까요?

네, 좋아요. 같이 농구해요.

미안해요. 다음에 같이 해요.

| | 주말에 뭐 할 거예요? | 같이 할까요? |
|---|---|---|
| ___폴___ 씨 | 농구를 할 거예요. | ○ |
| _____ 씨 | | |
| _____ 씨 | | |

새단어  연주

### V-거나

- 가 아침에 뭐 먹어요?

  나 빵을 먹거나 우유를 마셔요.

- 가 보통 주말에 뭐해요?

  나 영화를 보거나 집에서 쉬어요.

| V | 받침 ○, × | 먹거나<br>마시거나 |
|---|---|---|

 보기 와 같이 이야기해 보세요.

보기

도서관

오후

가 보통 오후에 뭐 해요?

나 친구를 만나거나 도서관에 가요.

①

오전

②

Coffee

쉬는 시간

③

주말

④

00편의점

방학

새단어 쉬는 시간

# 문법과 표현 · 4

## A/V-고

- 이 식당은 싸고 맛있어요.
- 저는 축구를 좋아하고 농구도 좋아해요.
- 미린 씨는 베트남 사람이고 자르갈 씨는 몽골 사람이에요.

| A/V | 받침 ○, × | 맛있고<br>보고 |
|---|---|---|

👤💬 **보기** 와 같이 이야기해 보세요.

**보기**

가 옷이 어때요?
나 싸고 예쁘네요.

싸다, 예쁘다

①

깨끗하다, 좋다

②

맛있다, 싸다

③

빠르다, 편하다

④

사람이 많다, 복잡하다

⑤

비싸다, 맛없다

⑥

키가 크다, 멋있다

✏️ 새단어 깨끗하다 | 복잡하다 | 키

보기

미린　　　　　자르갈

가　지금 미린 씨하고 자르갈 씨가 뭐 해요?
나　미린 씨는 책을 읽고 자르갈 씨는 자요.

①

폴　　　　　김선우

②

장홍　　　　루카스

③

이하경　　　　미린

④

조엔　　　　자르갈

⑤

김 선생님　　　박 선생님

⑥

줄리　　　　빅토르

# 말하기 2

**1** 보기 와 같이 이야기해 보세요.

보기

| 이하경 | 루카스 씨, 취미가 뭐예요? |
| 루카스 | 제 취미는 운동이에요. |
| | 주말에 보통 테니스를 치거나 농구를 해요. 하경 씨는요? |
| 이하경 | 저는 여행을 좋아해요. 지난주에도 부산에 다녀왔어요. |
| 루카스 | 부산이 어땠어요? |
| 이하경 | 바다가 아름답고 음식도 맛있었어요. |

|  | 보기 | ① | ② | ③ |
|---|---|---|---|---|
| | 테니스를 치다/<br>농구를 하다 | 자전거를 타다/<br>요가를 하다 | 탁구를 치다/<br>스키를 타다 | 등산하다/야구하다 |
| | 부산 | 전주 | 춘천 | 안동 |
| | 바다가 아름답다/<br>음식도 맛있다 | 한옥이 예쁘다/<br>비빔밥도 맛있다 | 서울에서 가깝다/<br>호수도 멋있다 | 조용하다/<br>사람들도 친절하다 |

**2** 여러분은 취미가 뭐예요? 친구들과 이야기해 보세요.

빅토르 씨, 취미가 뭐예요?

영화를 자주 봐요?

제 취미는 영화 보기예요.

→ 네, 자주 봐요.

↘ 아니요, 가끔 봐요.

↘ 아니요, 요즘 전혀 안 봐요. 너무 바빠요.

| ✓ **영화 보기** | 요리 | 드라마 보기 | 그림 그리기 | 게임 |
| 기타 연주 | 피아노 연주 | 쇼핑 | 배드민턴 | 산책 |

새단어 다녀오다 | 요가를 하다 | 한옥 | 가깝다 | 호수 | 조용하다 | 친절하다

# 듣고 말하기

💿 여러분 나라에서는 주말에 보통 무엇을 해요? 다음을 듣고 대답해 보세요.

**1** 주말에 인사동에서 무엇을 해요?

_____

**2** 두 사람은 이번 토요일에 무엇을 할 거예요?

①   ②   ③   ④

**3** 맞는 것을 고르세요.

① 인사동 미술관은 항상 무료예요.
② 자르갈 씨는 보통 주말에 청소해요.
③ 두 사람은 토요일 2시에 만날 거예요.
④ 두 사람은 축제에서 전통 춤을 볼 거예요.

🗣 시간이 있어요. 여러분은 보통 무엇을 해요? 친구와 이야기해 보세요.

> 주말이에요. 보통 뭐해요?

> 집안일을 하거나 친구를 만나요.

✓ 주말          방학          생일          설날

새단어  무료 | 춤 | 공연 | 설날

# 읽고 쓰기

● 여러분은 연휴에 특별한 계획이 있어요? 다음을 읽고 대답해 보세요.

이번 주 토요일부터 월요일까지 연휴예요. 저는 연휴에 계획이 많아요.

토요일에는 가족들하고 같이 식사를 할 거예요. 동생이 중국에서 와요. 저는 공항에 가고 어머니는 음식을 만들 거예요.

일요일에는 친구 결혼식에 갈 거예요. 친구의 결혼식에서 축하 노래를 부를 거예요. 결혼식이 끝나고 친구들하고 강남역에서 놀고 밤에 집에 올 거예요.

월요일에는 집에서 늦잠을 자거나 쉴 거예요.

이번 연휴에는 약속이 많아요. 그래서 저는 이번 연휴를 기다려요.

1 이 사람은 토요일에 어디에 갈 거예요?

_____

2 이 사람은 일요일에 무엇을 할 거예요? 모두 고르세요.

①   ②   ③   ④

3 맞는 것을 고르세요.

① 이 사람은 토요일에 요리를 할 거예요.
② 이번 연휴는 금요일부터 일요일까지예요.
③ 친구 결혼식이 끝나고 노래방에 갈 거예요.
④ 이 사람은 월요일에 집에서 늦잠을 잘 거예요.

새단어  연휴 | 특별한 | 계획 | 결혼식 | 축하 | 노래(를) 부르다 | 놀다

✏️ 내일부터 3일 동안 연휴예요. 여러분의 연휴 계획을 써 보세요.

**1** 다음 질문에 대답해 보세요.

어디에 갈 거예요?  누구를 만날 거예요?  뭐 할 거예요?

| | 토요일 | 일요일 | 월요일 |
|---|---|---|---|
| 어디? | | | |
| 누구? | | | |
| 무엇? | | | |

**2** 연휴 계획을 소개하는 글을 써 보세요.

내일부터 월요일까지 3일 동안 연휴예요. 저는 연휴에 계획이 많아요.

토요일에는

## 📝 한국 사람의 휴가

🌓 한국은 휴가가 짧아요. 보통 1년에 일주일쯤 쉬어요. 그래서 모두 휴가를 기다려요.

휴가는 언제예요?
보통 7월 20일부터 8월 10일까지예요.

휴가에 뭘 해요?
사람들이 여행을 많이 가요. 그리고 집에서 쉬거나 책을 읽는 사람도 있어요.

어디로 여행을 가요?
해외 여행을 가거나 한국에서 여행을 해요. 한국에서는 제주도, 부산, 강원도에 많이 가요.

누구하고 같이 가요?
보통 가족하고 같이 가요. 친구하고 가거나 혼자 가는 사람도 있어요.

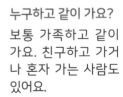   

---

새단어 쯤 | 휴가 | 해외 여행 | 강원도

# 비가 와서 도봉산에 가지 않았어요

## 들어요 🎧

🎧 9-1

이하경　장홍 씨, 어제 도봉산에 갔어요?

장 홍　아니요, 비가 와서 가지 않았어요.

이하경　요즘 장마철이라서 비가 자주 오네요.

장 홍　맞아요. 하경 씨는 어제 뭐 했어요?

이하경　저는 오늘 시험이 있어서 하루 종일 공부했어요.

장 홍　피곤하겠어요. 오늘은 집에서 푹 쉬어요.

1. 장홍 씨는 왜 도봉산에 가지 않았어요?

2. 요즘 왜 비가 자주 와요?

3. 이하경 씨는 어제 뭐 했어요?

# 어휘

## 날씨

 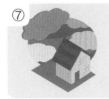   

보기

① 따뜻하다    ② 덥다    ③ 시원하다    ④ 쌀쌀하다    ⑤ 춥다

⑥ 맑다    ⑦ 흐리다    ⑧ 비가 오다/내리다    ⑨ 눈이 오다/내리다    ⑩ 바람이 불다

## 계절

**봄**    **여름**    **가을**    **겨울**

보기

① 꽃이 피다    ② 꽃 구경을 가다    ③ 장마가 시작되다    ④ 휴가를 가다

⑤ 단풍이 들다    ⑥ 단풍 구경을 가다    ⑦ 눈사람을 만들다    ⑧ 눈싸움을 하다

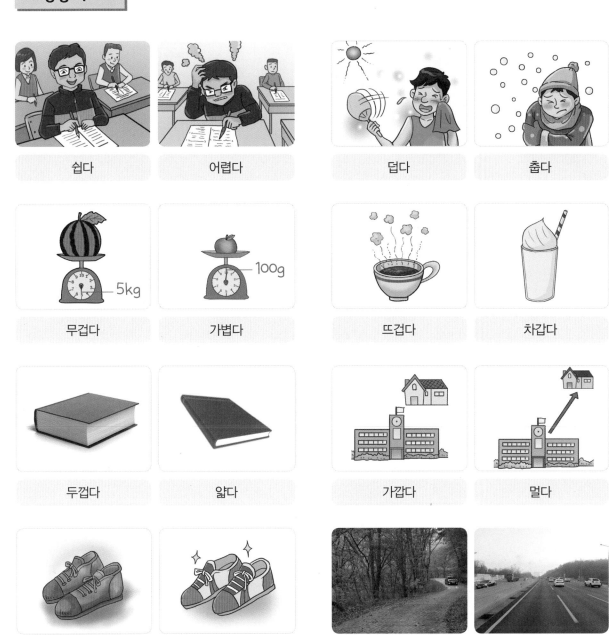

## 형용사2

| | |
|---|---|
| 쉽다 | 어렵다 |
| 덥다 | 춥다 |
| 무겁다 | 가볍다 |
| 뜨겁다 | 차갑다 |
| 두껍다 | 얇다 |
| 가깝다 | 멀다 |
| 더럽다 | 깨끗하다 |
| 좁다 | 넓다 |

 맵다

 귀엽다

 아름답다

 즐겁다

 무섭다

 곱다

## 'ㅂ' 불규칙

- 오늘은 날씨가 더워요.

  쓰기 시험은 어려웠지만 말하기 시험은 쉬웠어요.

- 가 제가 좀 도울까요?

  나 네, 고마워요.

| A / V | ㅂ + -어요 → 우 + -어요 → 워요 | 더워요 |
|---|---|---|
| | ㅂ + -아요 → 오 + -아요 → 와요 | 도와요 |

- 좁다 ➜ 좁아요
- 입다 ➜ 입어요

 보기 와 같이 이야기해 보세요.

보기

가 날씨가 추워요?
나 아니요, 더워요.

날씨, 춥다/덥다

①

가방, 가볍다/무겁다

②

시험, 쉽다/어렵다

③

학교, 가깝다/멀다

④

커피, 뜨겁다/차갑다

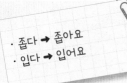 보기 와 같이 이야기해 보세요.

보기

가 영화가 어땠어요?
나 무서웠지만 재미있었어요.

영화, 무섭다/재미있다

①

김치찌개, 맵다/맛있다

② 한국어 수업, 어렵다/재미있다

③

설악산, 아름답다/너무 멀다

④

한복, 곱다/비싸다

새단어 설악산

# 문법과 표현 2

## A/V-지 않다

- 저는 김치를 먹지 않아요.

  교실이 크지 않습니다.

- 가 어제 비가 왔어요?

  나 아니요, 비가 오지 않았어요.

| A/V | 받침 ○, × | 많지 않다<br>가지 않다 |
| --- | --- | --- |

 보기 와 같이 이야기해 보세요.

1) 보기

학생, 많다

가 학생이 많아요?
나 아니요, 많지 않아요.

① 시계, 비싸다

② 날씨, 춥다

③ 머리, 길다

④ 책, 재미있다

2) 보기

친구, 만나다

가 친구를 만나요?
나 아니요, 친구를 만나지 않아요.

① 신문, 읽다

② 텔레비전, 보다

③ 한국어, 공부하다

④ 노래, 듣다

보기 와 같이 이야기해 보세요.

보기

×　　　　　　　○

가　어제 불고기를 먹었어요?
나　아니요, 불고기를 먹지 않았어요.
　　냉면을 먹었어요.

①

×　　　　　　　○

②

×　　　　　　　○

③

×　　　　　　　○

④

×　　　　　　　○

새단어　일본어

# 말하기 1

**1** 보기 와 같이 이야기해 보세요.

**보기**

조 엔  오늘 서울 날씨가 어때요?

김선우  추워요. 뉴욕도 추워요?

조 엔  아니요, 춥지 않아요.

김선우  뉴욕은 지금 몇 도예요?

조 엔  영상 18도예요.

| 보기 | ① | ② | ③ |
|---|---|---|---|
| 서울 | 베이징 | 모스크바 | 파리 |
| 춥다 | 덥다 | 눈이 오다 | 비가 오다 |
| 뉴욕/춥다 | 울란바토르/덥다 | 베를린/눈이 오다 | 하노이/비가 오다 |
| 영상 18도 | 영상 9도 | 영하 5도 | 영상 30도 |

**2** 세계의 날씨예요. 친구와 이야기해 보세요.

시드니 날씨가 어때요?　비가 와요.　지금 몇 도예요?　영상 27도예요.

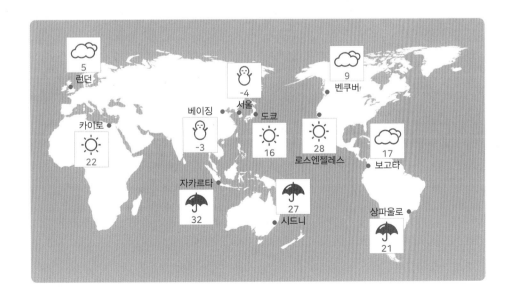

새단어  도 | 영상 | 영하

# 문법과 표현 3

## A/V-아서/어서

- 날씨가 좋아서 산책을 해요.
- 비가 와서 우산을 샀어요.
- 휴일이라서 백화점에 사람이 많아요.

| A / V | ㅏ, ㅗ ○ | + -아서 | 많아서, 놀아서 |
| | ㅏ, ㅗ × | + -어서 | 재미있어서, 먹어서 |
| | 하다 | → 해서 | 피곤해서, 운동해서 |
| N | 받침 ○ | 이라서 | 주말이라서 |
| | 받침 × | 라서 | 휴가라서 |

- 듣다 ➡ 들어서
- 바쁘다 ➡ 바빠서
- 춥다 ➡ 추워서

 보기 와 같이 이야기해 보세요.

보기

가 왜 등산을 안 가요?
나 눈이 와서 등산을 안 가요.

날씨가 춥다

늦잠을 자다

길이 복잡하다

수업이 있다

재미있다

숙제가 많다

**눈이 오다**

장마철이다

① 왜 시간이 없어요?　　　　　② 왜 한국 드라마를 좋아해요?
③ 왜 옷을 많이 입었어요?　　　④ 왜 학교에 늦었어요?
⑤ 왜 지하철을 탔어요?　　　　　⑥ 왜 비가 많이 와요?

새단어 휴일 | 왜 | 장마철 | 늦다

## 친구와 이야기해 보세요.

① 열심히 공부했어요.

열심히 공부해서 시험을 잘 봤어요.

② 여자 친구하고 헤어졌어요.

③ 쇼핑을 많이 했어요.

④ 비가 왔어요.

# 문법과 표현 4

## A/V-겠-

- 가 하늘이 많이 흐리네요.
  나 곧 비가 오겠어요.

- 가 어제 친구를 2시간 기다렸어요.
  나 기분이 안 좋았겠네요.

| A/V | 받침 O, X | 좋겠다<br>오겠다 |
|-----|----------|------------------|

---

보기 와 같이 이야기해 보세요.

보기

가 내일부터 방학이에요.
나 기분이 좋겠어요.

**기분이 좋다**  배가 고프다  사람이 많다  정말 피곤하다  참 맛있다

① 이 케이크 좀 드세요.  ② 어제 더워서 2시간 잤어요.
③ 주말에 백화점에서 세일을 해요.  ④ 아침부터 저녁까지 밥을 안 먹었어요.

---

 보기 와 같이 이야기해 보세요.

보기

가 주말에 생일 파티를 했어요.
나 재미있었겠네요.

기분이 나쁘다  **재미있다**  기쁘다  춥다  외롭다

① 지난 토요일에 친구가 생일 선물을 줬어요.  ② 어젯밤에 창문을 열고 잤어요.
③ 어제 동생이 제 옷을 입고 나갔어요.  ④ 주말에 저만 집에 있었어요.

---

 새단어 │ 기분 │ 피곤하다 │ 외롭다 │ 어젯밤 │ 나가다

# 말하기 2

**1** 보기 와 같이 이야기해 보세요.

> **보기**
>
> 장홍    줄리 씨, 무슨 계절을 좋아해요?
>
> 줄리    저는 꽃이 많이 피어서 봄을 좋아해요. 장홍 씨는요?
>
> 장홍    저도 봄을 좋아해요. 이번 주말에 같이 꽃 구경을 갈까요?
>
> 줄리    좋아요. 꽃이 예쁘겠네요.

| 보기 | ① | ② | ③ |
|---|---|---|---|
| 꽃이 많이 피다 | 단풍이 들다 | 눈이 오다 | 휴가가 있다 |
| 봄 | 가을 | 겨울 | 여름 |
| 꽃 구경을 가다 | 단풍을 구경하다 | 스키를 타다 | 바다에 가다 |
| 꽃이 예쁘다 | 단풍이 아름답다 | 스키가 재미있다 | 바다가 시원하다 |

**2** 여러분은 무슨 계절을 좋아해요? 왜 좋아해요? 친구와 이야기해 보세요.

> 무슨 계절을 좋아해요?    왜 좋아해요?    보통 무엇을 해요?

| | 무슨 계절? | 왜? | 보통 무엇? |
|---|---|---|---|
| _____씨 | ☐ 봄  ☐ 여름<br>☐ 가을  ☐ 겨울 | | |
| _____씨 | ☐ 봄  ☐ 여름<br>☐ 가을  ☐ 겨울 | | |
| _____씨 | ☐ 봄  ☐ 여름<br>☐ 가을  ☐ 겨울 | | |

# 듣고 말하기

◐ 여러분 나라에서는 여름에 무엇을 많이 먹어요? 다음을 듣고 대답해 보세요.

**1** 빅토르 씨는 어제 왜 한강 공원에 가지 않았어요?

_____

**2** 한국 사람들은 여름에 무슨 음식을 많이 먹어요? 모두 고르세요.

③

④

**3** 이하경 씨와 빅토르 씨는 수업 후에 무엇을 할 거예요?

① 이하경 씨와 빅토르 씨는 같이 팥빙수를 먹을 거예요.
② 이하경 씨와 빅토르 씨는 더워서 한강 공원에 갈 거예요.
③ 이하경 씨는 식당에 가고 빅토르 씨는 한강 공원에 갈 거예요.
④ 이하경 씨는 팥빙수를 먹고 빅토르 씨는 삼계탕을 먹을 거예요.

💬 여러분 나라에도 계절 음식이 있어요? 친구에게 이야기해 주세요.

겨울에는 무엇을 많이 먹어요?

여름에 무슨 음식을 자주 먹어요?

맛이 어때요?

 새단어 | 팥빙수 | 특히 | 삼계탕

○ 여러분 나라에도 사계절이 있어요? 다음을 읽고 대답해 보세요.

한국에는 봄, 여름, 가을, 겨울 사계절이 있습니다.

봄에는 따뜻하고 꽃이 많이 핍니다. 사람들은 봄에 꽃 구경을 갑니다.

여름에는 덥고 비가 자주 옵니다. 특히 6월하고 7월 사이에 장마철이 있습니다. 장마철에는 비가 많이 내리고 태풍도 옵니다. 8월에는 너무 더워서 사람들은 산하고 바다로 휴가를 갑니다.

가을에는 시원하고 단풍이 듭니다. 사람들은 산으로 단풍 구경을 많이 갑니다.

겨울에는 아주 춥고 눈이 많이 옵니다. 사람들은 눈싸움을 하고 눈사람도 만듭니다. 스키장에서 스키도 탑니다.

**1** 한국의 여름 날씨는 어때요? 모두 고르세요.

① 　② 　③ 　④

**2** 가을에 사람들은 무엇을 많이 해요?

① 　② 　③ 　④

**3** 맞는 것을 고르세요.

① 봄에는 비가 많이 오고 따뜻합니다.
② 여름에는 산으로 꽃 구경을 많이 갑니다.
③ 가을에는 시원해서 바다로 휴가를 갑니다.
④ 겨울에는 눈이 와서 눈싸움도 하고 스키도 탑니다.

새단어　태풍

✎ 여러분 나라의 계절과 날씨에 대해서 써 보세요.

**1** 여러분 나라에는 무슨 계절이 있어요? 날씨는 어때요? 무엇을 많이 해요?

| | 한국 | |
|---|---|---|
| 계절 | 봄, 여름, 가을, 겨울 | |
| 날씨 | 봄에는 따뜻하고 꽃이 핍니다.<br>여름에는 덥고 비가 자주 옵니다.<br>가을에는 시원하고 단풍이 듭니다.<br>겨울에는 춥고 눈이 많이 옵니다. | |
| 사람들 | 봄에는 꽃구경을 갑니다.<br>여름에는 산하고 바다로 휴가를 갑니다.<br>가을에는 단풍 구경을 갑니다.<br>겨울에는 눈싸움을 하고 눈사람도 만듭니다.<br>스키도 탑니다. | |

**2** 여러분 나라의 계절과 날씨에 대해서 글을 써 보세요.

## 🗒 'ㅎ' 탈락  🎧 9-5

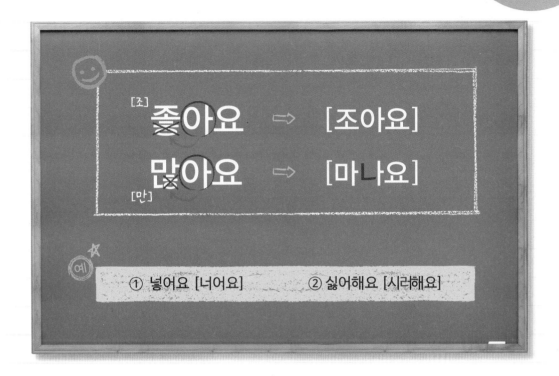

[조]
좋아요 ⇨ [조아요]

많아요 ⇨ [마나요]
[만]

예
① 넣어요 [너어요]      ② 싫어해요 [시러해요]

🌗 들어 보세요.

① 좋아요          ② 넣어요          ③ 괜찮아요          ④ 싫어해요

🌗 듣고 따라해 보세요.

① 날씨가 좋아요.

② 식당에 사람이 많아요.

③ 가  무슨 계절을 좋아해요?
   나  봄을 좋아해요.

④ 가  운동을 좋아해요?
   나  아니요, 운동을 싫어해요.

✏ 새단어  넣다

Unit
10

# 뭘 드시겠어요?

## 학습목표

| | |
|---|---|
| ● **어휘** | 높임 표현<br>식당과 음식<br>음식 맛 |
| ● **문법과 표현 1** | V-고 싶다 |
| ● **문법과 표현 2** | V-고 있다 |
| ● **말하기1** | 지금 하고 있는 일과 하고 싶은 일 말하기 |
| ● **문법과 표현 3** | V-(으)시- |
| ● **문법과 표현 4** | V-(으)세요 |
| ● **말하기2** | 식당과 커피숍에서 주문하기 |
| ● **듣고 말하기** | 주문하는 대화 듣기<br>주문하고 싶은 음식에 대해 말하기 |
| ● **읽고 쓰기** | 물건 주문하는 글 읽기<br>주문한 물건에 대한 글 쓰기 |
| ● **문화** | 한국의 음식 배달 문화 |

어서오세요.

| 순대 | 떡볶이 | 튀김 | 어묵 |
|------|--------|------|------|
| 4,000원 | 3,500원 | 3,000원 | 2,000원 |

| 돈까스 | 김밥 | 라면 |
|--------|------|------|
| 7,000원 | 3,500원 | 3,000원 |

## 들어요 🎧

🎧 10-1

직원  어서 오세요. 이쪽으로 앉으세요. 뭘 드시겠어요?

자르갈  라면 한 그릇하고 떡볶이 1인분 주세요.

루카스  김밥도 먹고 싶어요. 김밥도 주세요.

직원  네, 알겠습니다.

★ ★ ★

자르갈  저기요, 왜 아직 음식이 안 나와요?

직원  죄송합니다. 지금 만들고 있어요.
      조금만 더 기다려 주세요.

1. 자르갈 씨는 무엇을 주문했어요?

2. 루카스 씨는 무엇을 먹고 싶어 해요?

3. 왜 아직 음식이 안 나와요?

# 어휘

## 높임 표현

| 있어요 | 계세요 | 집 | 댁 |
|---|---|---|---|
| 없어요 | 안 계세요 | 밥 | 진지 |
| 먹어요 | 드세요/잡수세요 | 생일 | 생신 |
| 마셔요 | 드세요 | 이름 | 성함 |
| 자요 | 주무세요 | 나이 | 연세 |
| 말해요 | 말씀하세요 | 사람 | 분 |
| 아파요 | 편찮으세요 | | |

아버지께서 아침을
드세요./잡수세요.

어머니께서 커피를
드세요.

할아버지께서 책을
읽으세요.

할머니께서 방에서
주무세요.

## 인사 표현

가 안녕히 가세요.
나 안녕히 계세요.

 안녕히 주무세요.

 많이 드세요./
맛있게 드세요.

## 식당과 음식

**한식당**
불고기　갈비탕　비빔밥　냉면　김치찌개

**양식당**
스테이크　스파게티　피자　샐러드

**중식당**
짜장면　짬뽕　탕수육　볶음밥

**일식당**
초밥　생선회　돈가스　우동

**분식집**
김밥　떡볶이　라면　튀김

**패스트푸드점**
햄버거　감자튀김　치킨　음료수

## 음식 맛

맵다　달다　쓰다　시다　짜다　싱겁다

## V-고 싶다

- 저는 옷을 사고 싶어요.

  미린 씨는 여행을 가고 싶어 해요.

- 가 뭘 먹을까요?

  나 저는 냉면을 먹고 싶어요. 냉면을 시켜요.

| V | 받침 O, × | 먹고 싶다<br>가고 싶다 |
|---|---|---|

 보기 와 같이 이야기해 보세요.

보기

가 지금 뭐 하고 싶어요?
나 커피를 마시고 싶어요.

①   ②   ③   ④

보기 와 같이 이야기해 보세요.

보기

가 줄리 씨가 뭐 하고 싶어 해요?
나 불고기를 먹고 싶어 해요.

①   ②   ③   ④

새단어 시키다 | 부모님

여기는 무인도예요. 친구와 이야기해 보세요.

① 누구하고 가고 싶어요?

② 무엇을 먹고 싶어요?

③ 무엇을 마시고 싶어요?

④ 무엇을 하고 싶어요?

⑤ 무슨 음악을 듣고 싶어요?

⑥ _____?

새단어    무인도

# 문법과 표현 2

## V-고 있다

- 동생이 과자를 먹고 있어요.

  저는 한국에서 살고 있습니다.

- 가 지금 뭐 하고 있어요?

  나 백화점에서 쇼핑하고 있어요.

| V | 받침 O, × | 먹고 있다<br>가고 있다 |
|---|---|---|

- -고 있다
  → -고 계시다

---

 보기 와 같이 이야기해 보세요.

보기

가 김선우 씨가 뭐 하고 있어요?
나 김선우 씨가 이야기하고 있어요.

| ① 장홍/걷다 | ② 자르갈/뛰다 | ③ 폴/그림을 그리다 |
|---|---|---|
| ④ 이하경/책을 읽다 | ⑤ 조엔/잠을 자다 | ⑥ 빅토르/음악을 듣다 |
| ⑦ 루카스/물을 마시다 | ⑧ 김 선생님/사진을 찍다 | ⑨ 이 선생님/전화하다 |

새단어 걷다 | 뛰다

# 말하기 1

**1** 보기 와 같이 이야기해 보세요.

**보기**

빅토르　하경 씨, 지금 어디에 있어요?

이하경　집에 있어요.

빅토르　뭐 하고 있어요?

이하경　책을 읽고 있어요.

빅토르　저녁에 같이 운동할까요?

이하경　미안해요. 오늘은 쉬고 싶어요. 내일은 어때요?

빅토르　좋아요. 내일 만나서 같이 운동해요.

이하경　네, 알겠어요.

| 보기 | ① | ② | ③ |
|---|---|---|---|
| 책을 읽다 | 동생하고 이야기하다 | 어머니를 도와드리다 | 가족들하고 식사하다 |
| 운동하다 | 게임하다 | 산책하다 | 영화를 보다 |
| 쉬다 | 동생하고 산책하다 | 집에 있다 | 가족들하고 지내다 |
| 운동하다 | 게임하다 | 산책하다 | 영화를 보다 |

**2** 여러분은 지금 뭐 하고 있어요? 내일 뭐 하고 싶어요? 친구와 이야기해 보세요.

| | 지금 뭐 하고 있어요? | 내일 뭐 하고 싶어요? | 왜 그 일을 하고 싶어요? |
|---|---|---|---|
| 나 | | | |
| _____씨 | | | |
| _____씨 | | | |
| _____씨 | | | |

새단어　식사하다 | 지내다

# 문법과 표현 3

## V-(으)시-

● 아버지께서 회사에서 일하세요.

부모님께서 영화를 보고 계십니다.

● 가 선생님께서 어디에 가셨어요?

나 조금 전에 식당에 가셨어요.

| V | ㅏ, ㅗ O | -으시- | 읽으세요/읽으십니다 |
|---|---|---|---|
| | ㅏ, ㅗ X | -시- | 가세요/가십니다 |
| N | 받침 O | 이시- | 선생님이세요/선생님이십니다 |
| | 받침 X | 시- | 의사세요/의사십니다 |

· 먹다
  ➡ 드시다/잡수시다
· 자다 ➡ 주무시다
· 있다 ➡ 계시다

---

👥 보기 와 같이 이야기해 보세요.

보기

할아버지

가 할아버지께서 뭐 하세요?
나 할아버지께서 신문을 읽으세요.

①

어머니

②

선생님

③

부모님

④

아버지

⑤

할아버지

⑥

할머니

📎 새단어  조금 전

![보기 아이콘] 보기 와 같이 이야기해 보세요.

보기

가 조엔 씨, 지금 뭐 하세요?
나 밥을 먹어요.

조엔

①

이하경

②

미린

③

장홍

④

줄리

⑤

루카스

⑥

장홍

## V-(으)세요

- 내일 일찍 오세요.
- 여기에 앉으세요.
- 이 음식을 드세요.

| V | 받침 ○ | -으세요 | 읽으세요 |
|---|---|---|---|
|   | 받침 × | -세요 | 보세요 |

- 먹다/마시다 ➡ 드세요
- 자다 ➡ 주무세요
- 있다 ➡ 계세요
- 듣다 ➡ 들으세요

보기 와 같이 이야기해 보세요.

보기

매일 운동하세요.

① 일찍 일어나다

② 창문을 닫다

③ 잠깐 기다리다

④ 맛있게 먹다

교실에서 선생님이 어떻게 이야기하세요? 친구와 이야기해 보세요.

보기

여기를 보세요.

| ✓여기를 보다 | 잘 듣다 | 책을 읽다 | 공책에 쓰다 |
|---|---|---|---|
| 자리에 앉다 | 핸드폰을 끄다 | 친구하고 이야기하다 | |

새단어 일찍 | 자리

# 말하기 2

1 보기 와 같이 이야기해 보세요.

보기

직 원 어서 오세요. 몇 분이세요?

김선우 두 명이에요.

직 원 여기 앉으세요. 메뉴는 여기 있어요.

김선우 조엔 씨, 여기는 비빔밥하고 갈비탕이 맛있어요.

아! 김치찌개도 맛있어요. 김치찌개도 드세요.

조 엔 너무 많아요. 비빔밥하고 갈비탕만 먹어요.

김선우 좋아요. 여기요! 비빔밥 한 그릇하고 갈비탕 한 그릇 주세요.

직 원 네, 잠깐만 기다리세요.

| 보기 | ① | ② | ③ |
|---|---|---|---|
| 비빔밥, 갈비탕 | 삼겹살, 냉면 | 피자, 스파게티 | 샌드위치, 커피 |
| 김치찌개 | 된장찌개 | 샐러드 | 케이크 |
| 비빔밥 1그릇 | 삼겹살 2인분 | 피자 1판 | 샌드위치 2개 |
| 갈비탕 1그릇 | 냉면 2그릇 | 스파게티 1인분 | 커피 2잔 |

2 여러분은 지금 커피숍에 있어요. 친구와 주문해 보세요.

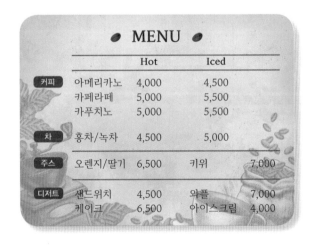

뭘 드릴까요?

아이스아메리카노 두 잔 주세요.

여기에서 드실 거예요? 테이크아웃하실 거예요?

테이크아웃해 주세요.

새단어 삼겹살 | 된장찌개 | 인분 | 판 | 홍차 | 키위 | 와플 | 아이스아메리카노 | 테이크아웃(take out)

# 듣고 말하기

● 여러분은 무슨 음식을 먹고 싶어요? 다음을 듣고 대답해 보세요.

**1** 줄리 씨는 무슨 음식을 먹을 거예요?

①      ②      ③      ④

**2** 맞는 것을 고르세요.

① 두 사람은 음료수도 마실 거예요.
② 장홍 씨는 스파게티를 먹을 거예요.
③ 줄리 씨는 햄버거를 좋아하지 않아요.
④ 이 식당은 저녁에만 햄버거 세트를 팔아요.

👤💬 여러분은 무슨 식당에 가고 싶어요? 친구와 식당에 가서 주문해 보세요.

뭘 드시겠습니까?

새단어   세트 | 확인하다 | 맞다

# 읽고 쓰기

● 핸드폰 앱으로 물건을 어떻게 주문해요? 다음을 읽고 대답해 보세요.

　　다음 달 25일이 아버지 생신이어서 선물을 보내고 싶었습니다. 그래서 핸드폰으로 구두를 주문했습니다. 먼저 핸드폰 앱을 열고 구두를 찾았습니다. 구두 종류가 많았지만 아버지가 갈색을 좋아하셔서 갈색 구두를 선택했습니다. 그리고 사이즈와 가격을 확인하고 집주소를 썼습니다. 마지막으로 카드로 계산하고 주문을 확인했습니다. 핸드폰 앱은 매우 빠르고 편리했습니다.

　　이틀 후에 구두가 도착했습니다. 우체국에 가서 아버지께 구두를 보냈습니다. 아버지의 생신 선물을 보내서 매우 기뻤습니다.

**1** 핸드폰 앱으로 주문을 어떻게 해요? 번호를 쓰세요.

**2** 구두를 받았어요. 그리고 그 구두를 어떻게 했어요?

_____

**3** 맞는 것을 고르세요.

① 구두를 주문하고 2일 후에 받았어요.
② 구두 종류가 많지 않아서 갈색을 샀어요.
③ 카드로 계산을 하고 사이즈를 확인했어요.
④ 지난달에 아버지께 구두를 선물하고 싶었어요.

새단어　주문하다 | 먼저 | 앱(app) | 종류 | 갈색 | 선택하다 | 주소 | 마지막으로 | 매우 | 이틀 | 도착하다

여러분은 핸드폰 앱으로 무엇을 주문했어요? 어떻게 주문했어요? 써 보세요.

핸드폰 앱으로
무엇을 주문했어요?

왜 주문했어요?

그 물건이 어땠어요?

# 한국의 음식 배달 문화

● 한국에서 음식 배달 문화는 어떨까요?

어떻게 주문해요?

핸드폰 애플리케이션이나 인터넷으로 주문할 수 있어요.

① 핸드폰 앱이나 인터넷을 열어요.
② 집 주소를 써요.
③ 메뉴를 찾아요.
④ 계산을 해요.

무슨 음식을 배달해 줘요?

한식, 중식, 일식, 양식, 패스트푸드 그리고 샐러드와 디저트 등 모든 음식을 배달해 줘요.

어디로 배달해 줘요?

집이나 회사로 배달을 해 주고 한강이나 공원으로도 배달해 줘요.

언제 배달해 줘요?

한국에서는 하루 24시간 동안 배달해 줘요.

새단어  어떻게 | 배달을 (하다) | 애플리케이션(application) | 디저트 | 모든 | 동안

# 지하철로
# 한 시간쯤 걸려요

 🎧 11-1

조 엔   자르갈 씨, 동대문 시장에 옷을 사러 갈까요?

자르갈   좋아요. 그런데 거기까지 어떻게 가요?

조 엔   지하철 1호선을 타고 가요. 지하철로 한 시간쯤 걸려요.

자르갈   좀 머네요. 지하철역까지는 어떻게 가요?

조 엔   여기에서 가까워요. 걸어서 가요.

. . . . . . . . . . . . . . . . . . . . . . . . . . . . . . . . . . . . . . . . . . . . . . . . . . .

1. 두 사람은 어디에 갈 거예요?

2. 동대문 시장까지 어떻게 가요?

3. 여기에서 지하철역이 멀어요?

# 어휘

## 교통 수단

①   ②   ③   ④

⑤   ⑥   ⑦   ⑧

보기

① 버스          ② 지하철          ③ 기차          ④ 택시

⑤ 비행기        ⑥ 배             ⑦ 자전거        ⑧ 오토바이

## 교통 관련 어휘 1

버스 정류장    지하철역    기차역    공항    고속버스터미널

사거리          횡단보도          육교

지하도          지하철 출구          건너편

## 교통 관련 어휘 2

버스를 타다

버스에서 내리다

지하철을 갈아타다

사거리에서 오른쪽으로 가다

사거리에서 왼쪽으로 가다

사거리에서 쭉 가다

횡단보도를 건너다

육교를 건너다

지하도를 건너다

2번 출구로 나가다/나오다

가  실례합니다. 이 근처에 약국이 어디에 있어요?

나  사거리에서 오른쪽으로 가세요.

11과 지하철로 한 시간쯤 걸려요 ·

65

# 문법과 표현 1

## N으로/로

- 수업 시간에는 한국말로 이야기하세요.

  한국 사람은 젓가락으로 먹어요.

- 가 동대문 시장에 어떻게 가요?

  나 버스로 가요.

| N | 받침 ○ | 으로 | 젓가락으로 |
|---|---|---|---|
| | 받침 × | 로 | 버스로 |

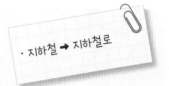
· 지하철 ➜ 지하철로

보기 와 같이 이야기해 보세요.

보기

가 학교에 어떻게 와요?
나 버스로 와요.

① 고향에 어떻게 가요?
② 회사에 어떻게 다녀요?
③ 부산에 어떻게 갔어요?
④ 기숙사에 어떻게 왔어요?

보기 와 같이 이야기해 보세요.

보기

한식, 먹다/수저

가 한식은 무엇으로 먹어요?
나 수저로 먹어요.

①
이 음식, 먹다/젓가락

②
숙제, 하다/연필

③
쓰기 시험, 보다/볼펜

④
사진, 찍다/휴대폰

 새단어  젓가락 | 수저

# 문법과 표현 2

## V-(으)러 가다/오다

- 가 어디에 가요?

  나 식당에 점심 먹으러 가요.

- 가 왜 사무실에 왔어요?

  나 김 선생님을 만나러 왔어요.

| V | 받침 ○ | -으러 가다/오다 | 먹으러 가다/오다 |
|---|---|---|---|
| | 받침 × | -러 가다/오다 | 만나러 가다/오다 |

- 놀다 ➡ 놀러 가다/오다
- 듣다 ➡ 들으러 가다/오다

 보기 와 같이 이야기해 보세요.

보기

가 왜 도서관에 가요?

나 책을 읽으러 가요.

도서관/책, 읽다

①

커피숍/친구, 만나다

②

은행/돈, 찾다

③

공원/자전거, 타다

④

운동장/농구하다

 보기 와 같이 이야기해 보세요.

보기

가 주말에 어디에 갔어요?

나 바다를 보러 부산에 갔어요.

어제

금요일 저녁

월요일

✓ 주말

새단어 사무실 | 돈을 찾다 | 운동장 | 음악회

**1**  보기 와 같이 이야기해 보세요.

11-2

보기

장홍  내일 **친구를 만나러** 명동에 갈 거예요.

그런데 학교에서 **명동**까지 어떻게 가요?

줄리  지하철로 가세요. 버스는 오래 걸려요.

장홍  지하철로 어떻게 가요?

줄리  **1호선**을 타고 **서울역**에서 내리세요.

**서울역**에서 **4호선**으로 갈아타고 명동역에서 내리세요.

장홍  시간이 좀 걸리네요. 고마워요.

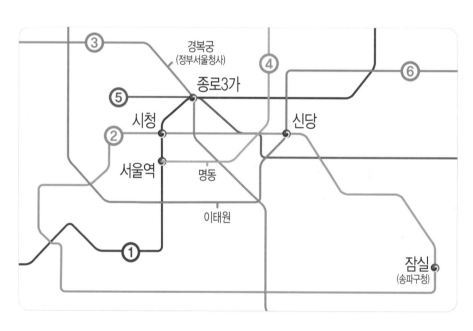

|  | ① | ② | ③ |
|---|---|---|---|
| 보기 | | | |
| 친구를 만나다 | 야구를 보다 | 가방을 사다 | 고궁을 구경하다 |
| 명동 | 잠실 | 이태원 | 경복궁 |
| 1호선/서울역 | 1호선/시청역 | 2호선/신당역 | 5호선/종로3가역 |
| 4호선 | 2호선 | 6호선 | 3호선 |

새단어  오래 | 걸리다

# 문법과 표현 3

## V-아서/어서

- 친구를 만나서 미술관에 갔어요.
  서울역에서 내려서 4호선으로 갈아타세요.

- 가 어디에서 밥을 먹었어요?
  나 집에서 요리해서 먹었어요.

| V | ㅏ, ㅗ ○ | + -아서 | 만나서 |
|---|---------|--------|--------|
|   | ㅏ, ㅗ × | + -어서 | 내려서 |
|   | 하다 | → 해서 | 요리해서 |

- 쓰다 ➡ 써서
- 걷다 ➡ 걸어서

  보기 와 같이 이야기해 보세요.

보기

가 어제 뭐 했어요?
나 꽃을 사서 하경 씨한테 줬어요.

①

②

③

④

🗣️ 보기 와 같이 이야기해 보세요.

보기

가 언제 커피를 마셔요?
나 아침에 일어나서 커피를 마셔요.

| 가다 | 사다 | 걷다 | 만나다 | 내리다 | ✓ 일어나다 |

① 집에 가서 뭐 해요?

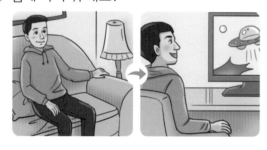

② 지하철역까지 어떻게 가요?

③ 오늘 아침에 뭐 했어요?

④ 수업 끝나고 뭐 했어요?

⑤ 어머니 생신에 어떻게 할 거예요?

⑥ 동대문 시장에 어떻게 갈 거예요?

# 문법과 표현 4

## 'ㄹ' 탈락

● 집에서 학교까지 멉니다.

 수박이 아주 다네요.

● 가 미린 씨는 어디에 사세요?

 나 기숙사에 살아요.

| A / V | 받침 ㄹ + 'ㄴ, ㅂ, ㅅ'<br>→ 받침 ~~ㄹ~~ + 'ㄴ, ㅂ, ㅅ' | 멉니다 |
|---|---|---|
| | | 사세요 |

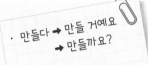

· 만들다 ➡ 만들 거예요<br>➡ 만들까요?

---

👥 보기 와 같이 이야기해 보세요.

1) 보기

케이크/만들다

가 케이크를 만드세요?
나 네, 케이크를 만들어요.

①

이 가수/알다

②

운동/힘들다

③

머리/길다

④

혼자/살다

새단어 알다

2)

> 가 축제에서 누구하고 놀 거예요?
> 나 친구들하고 놀 거예요.

대학 축제 계획

① 무엇을 할 거예요?
② 무슨 음식을 만들 거예요?
③ 누구하고 음식을 만들 거예요?
④ 누구한테 그 음식을 팔 거예요?

👥 친구와 같이 이야기해 보세요.

① 우리 반에서 누구 집이 가장 멉니까?

② 우리 반에서 누가 한국 노래를 많이 압니까?

③ 우리 반에서 누가 음식을 잘 만듭니까?

④ 우리 반에서 누구 머리가 가장 깁니까?

⑤ 우리 반에서 누가 기숙사에 삽니까?

11-3

1 보기 와 같이 이야기해 보세요.

보기

루카스  실례지만 행복백화점이 어디에 있어요?

안내원  여기에서 좀 멉니다. 걸어서 15분쯤 걸립니다.

루카스  좀 머네요. 거기까지 어떻게 가요?

안내원  횡단보도를 건너서 오른쪽으로 가세요. 약국 옆에 백화점이 있습니다.

루카스  네, 감사합니다.

보기

행복백화점

15분

횡단보도를 건너다/오른쪽으로 가다

약국/백화점

①

한국은행

15분

지하도를 건너다/왼쪽으로 가다

우체국/은행

②

우리병원

20분

사거리를 지나다/쭉 가다

꽃집/병원

③

서울극장

20분

1번 출구로 나가다/똑바로 가다

빵집/극장

새단어  실례지만 | 안내원 | 지나다 | 똑바로

# 듣고 말하기

● 여러분이 친구 집에 놀러 가요. 어떻게 가요? 다음을 듣고 대답해 보세요.

**1** 폴 씨 집에 어떻게 가요? 맞는 것을 고르세요.

① 혜화역 → 110번

② 혜화역 → 111번

③ 110번 → 동대문역

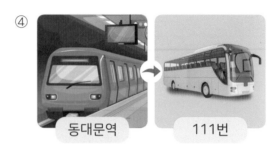

④ 동대문역 → 111번

**2** 맞는 것을 고르세요.

① 두 사람은 모두 폴 씨 집에 처음 놀러 가요.
② 두 사람은 지하철 안에서 이야기하고 있어요.
③ 조엔 씨는 폴 씨 집에 가서 요리를 배울 거예요.
④ 폴 씨 집은 학교에서 가까워서 학교에 일찍 와요.

🗣 여러분은 집에서 학교까지 어떻게 와요? 친구와 이야기해 보세요.

> 집이 학교에서 멀어요.
> 그래서 버스로 와요

> 저는 기숙사에 살아서
> 학교까지 걸어서 와요.

> 학교 근처에 살지만
> 걸어서 오지 않아요. 자전거로 와요

새단어 처음 | 이따가

# 읽고 쓰기

◗ 여러분은 친구에게 어디를 소개하고 싶어요? 다음을 읽고 대답해 보세요.

여러분은 홍대거리를 아세요? 그곳은 홍대입구역 근처에 있어요. 홍대거리에는 여러 가게, 식당, 커피숍이 많이 있어요. 공연장하고 클럽도 있어서 항상 사람이 많아요. 홍대거리는 지하철로 가요. 2호선을 타고 홍대입구역에서 내려서 9번 출구로 나가세요. 그러면 홍대거리가 있어요. 지하철역에서 홍대거리까지 걸어서 5분쯤 걸려요. 홍대거리 근처에는 공원도 있어요. 거기에서 토요일에 사람들이 여러 물건을 만들어서 팔아요. 값도 싸고 물건도 좋아요. 한번 구경하러 가 보세요.

홍대거리를 구경하고 시간이 있어요. 그럼 선유도 공원에 가 보세요. 홍대거리에서 버스로 20분쯤 걸려요. 그곳에서 드라마를 찍었어요. 여러분도 사진을 찍고 산책도 해 보세요.

**1** 홍대거리에는 어떻게 가요?

_____

**2** 홍대거리에서 무엇을 해요? 맞는 것을 모두 고르세요.

①   ②   ③   ④

**3** 맞는 것을 고르세요.

① 홍대거리에는 항상 사람이 많이 있어요.
② 홍대거리 근처에는 공원이 전혀 없어요.
③ 홍대거리는 지하철역에서 멀어서 버스를 타고 가요.
④ 홍대거리에서 선유도 공원까지 걸어서 20분쯤 걸려요.

새단어 홍대거리 | 여러 | 클럽

요즘 여러분 고향에서 어디가 유명해요? 그곳에 대해서 써 보세요.

요즘 고향에서
어디가 유명해요?

사람들은 왜 그곳에 가요?

그곳에 어떻게 가요?

그곳에서 무엇을 해요?

**억양** 🎧 11-5

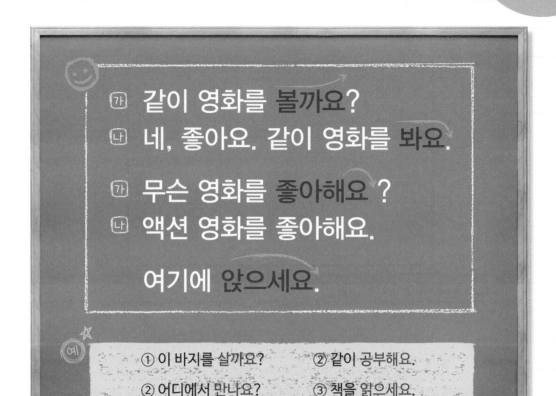

⬤ **들어 보세요.**

① 교실이 더워요?　　　　② 거기에 어떻게 가요?
③ 같이 도서관에 가요.　　④ 책을 보세요.

⬤ **듣고 따라해 보세요.**

① 가　이 근처에 약국이 있어요?
　나　네, 이쪽으로 쭉 가세요.

② 가　같이 요리할까요?
　나　네, 좋아요. 같이 요리해요.

③ 가　어디에서 만나요?
　나　학교 앞에서 만나요.

# 약을 드시고
# 푹 쉬어야 해요

학습목표 🎯

## 들어요

🎧 12-1

| 의사 | 여기 앉으세요. 어떻게 오셨어요? |
|---|---|
| 줄리 | 어제부터 목이 아프고 열도 나요. |
| 의사 | '아~' 해 보세요. |
| 줄리 | '아~~~' |
| 의사 | 기침도 하세요? |
| 줄리 | 네, 기침도 많이 해서 어젯밤에 잠을 못 잤어요. |
| 의사 | 감기가 심하시네요. 약을 드시고 푹 쉬어야 해요. |
| | 그리고 물이나 차를 자주 드시고 말을 많이 하지 마세요. |

1. 줄리 씨는 지금 어디에 있어요?

2. 줄리 씨는 어디가 아파요?

3. 줄리 씨는 무엇을 해야 해요?

## 몸

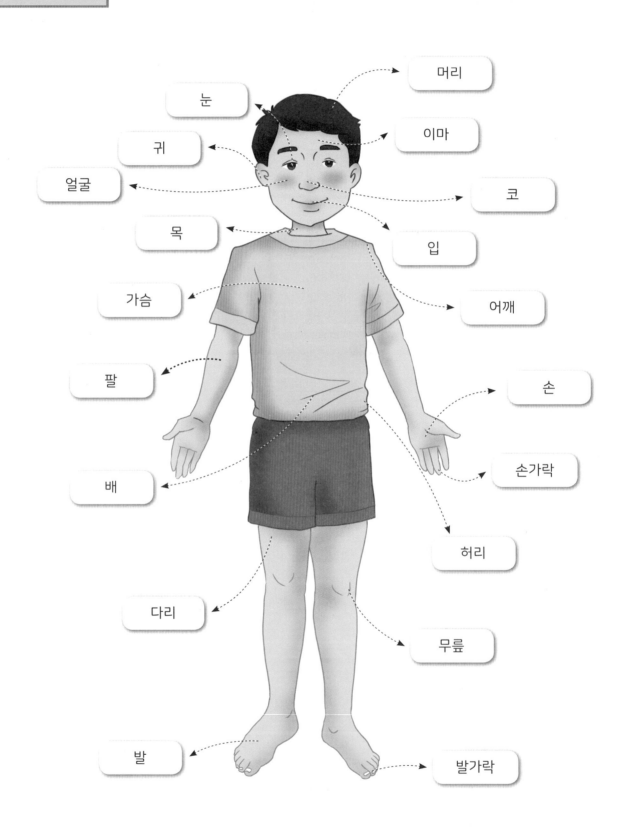

머리
이마
눈
귀
코
얼굴
입
목
어깨
가슴
손
팔
손가락
배
허리
다리
무릎
발
발가락

## 증상

보기

① 감기에 걸리다　② 기침을 하다　③ 열이 나다　④ 콧물이 나다　⑤ 목이 아프다

⑥ 머리가 아프다　⑦ 배탈이 나다　⑧ 손을 다치다　⑨ 다리가 부러지다　⑩ 이가 썩다

## V-지 마세요

- 교실에서 음식을 먹지 마세요.
- 수업 시간에 늦지 마세요.
- 박물관에서 사진을 찍지 마세요.

| V | 받침 ○, × | 먹지 마세요<br>가지 마세요 |
|---|---|---|

 보기 와 같이 이야기해 보세요.

보기

음식, 먹다

음식을 먹지 마세요.

①
사진, 찍다

②
휴대폰, 사용하다

③
담배, 피우다

④
쓰레기, 버리다

보기 와 같이 이야기해 보세요.

기숙사 규칙

1. 방에서 요리하지 마세요.
2. _____
3. _____
4. _____
5. _____
6. _____

떠들다　　계단에서 뛰다　　담배를 피우다　　술을 마시다　　음악을 크게 듣다

새단어　담배를 피우다 | 쓰레기 | 버리다 | 규칙 | 떠들다 | 계단 | 크게

# 문법과 표현 2

## N이나/나

- 방학에 제주도나 부산에 갈 거예요.

  저는 보통 지하철이나 버스를 타요.

- 가 뭘 먹을까요?

  나 냉면이나 삼계탕을 먹어요.

| N | 받침 ○ | 이나 | 집이나 |
|---|---|---|---|
| | 받침 ✕ | 나 | 모자나 |

---

보기 와 같이 이야기해 보세요.

보기

가 커피숍에서 뭘 마셔요?
나 주스나 커피를 마셔요.

커피숍, 마시다

①

과일 가게, 사다

②

도서관, 읽다

③

우체국, 보내다

보기 와 같이 이야기해 보세요.

보기

가 같이 친구 생일 선물을 사러 가요.
나 무슨 선물을 사고 싶어요?
가 모자나 운동화를 사고 싶어요.

무슨 선물, 사다

①

어디, 쇼핑하다

②

몇 시, 만나다

③

어떻게, 가다

# 말하기 1

1 보기와 같이 이야기해 보세요.   12-2

**보기**

약 사   어서 오세요. 어떻게 오셨어요?

김선우   머리가 아파서 왔어요.

       어제부터 기침도 해요.

약 사   감기에 걸리셨네요.

       이 약을 하루에 세 번 드시고 무리하지 마세요.

       그리고 따뜻한 물이나 오렌지 주스를 드시고 푹 쉬세요.

김선우   네, 감사합니다. 안녕히 계세요.

| 보기 | ① | ② | ③ |
|---|---|---|---|
| 머리가 아프다 | 목이 아프다 | 열이 나다 | 콧물이 나다 |
| 무리하다 | 말을 많이 하다 | 밖에 나가다 | 코를 많이 풀다 |
| 따뜻한 물/ 오렌지 주스 | 사탕/레몬차 | 주스/물 | 꿀물/유자차 |

2 친구가 아파요. 무슨 말을 해 주고 싶어요?

배가 아파요      커피를 마시지 마세요.      약을 드시고 쉬세요.

---

새단어   하루 | 무리하다 | 푹 | 레몬차 | 코를 풀다 | 꿀 | 유자차

## 문법과 표현 3

### 못 V

● 저는 떡볶이를 못 먹어요.

어제 배가 아파서 숙제 못 했어요.

● 가 오늘 한강 공원에 가요?

나 아니요, 다리를 다쳐서 못 가요.

| V | 받침 O, X | 못 먹어요<br>못 가요 |
|---|---|---|

 보기 와 같이 이야기해 보세요.

보기

가 스키를 타요?
나 아니요, 스키를 못 타요.

스키를 타다

①

한자를 읽다

②

탁구를 치다

③

스케이트를 타다

④

운전하다

 보기 와 같이 이야기해 보세요.

보기

가 어제 공부했어요?
나 아니요, 머리가 아파서 공부 못 했어요.

공부하다

①

숙제하다

②

택배를 받다

③

축구하다

④

잘 자다

 새단어  한자 | 운전(을) 하다 | 택배 | 받다 | 잘 자다 | 시끄럽다

### V-아야/어야 하다[되다]

- 밥을 먹고 약을 먹어야 해요.
- 시험이 있어서 공부해야 돼요.
- 이 단어는 꼭 알아야 해요.

| V | ㅏ, ㅗ O | + -아야 하다[되다] | 가야 하다[되다] |
|---|---|---|---|
| | ㅏ, ㅗ X | + -어야 하다[되다] | 먹어야 하다[되다] |
| | 하다 | → 해야 하다[되다] | 공부해야 하다[되다] |

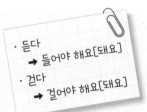

- 듣다
  ➜ 들어야 해요[돼요]
- 걷다
  ➜ 걸어야 해요[돼요]

---

**보기** 와 같이 이야기해 보세요.

**보기**

가  같이 산책할까요?
나  미안해요. 지금 공부해야 해요.

산책하다/공부하다

①

점심을 먹다/돈을 찾다

②

차를 마시다/수업을 듣다

③

조깅하다/청소하다

④

숙제하다/병원에 가다

---

**보기** 와 같이 이야기해 보세요.

| **보기** 한국어로 이야기해야 해요. | 교실 규칙을 만들어 보세요. | |
|---|---|---|

---

**새단어** 단어 | 꼭 | 수업을 듣다 | 조깅하다

# 말하기 2

**1** 보기 와 같이 이야기해 보세요.

> 보기
>
> 루카스   오늘 수업 끝나고 같이 공부할까요?
>
> 이하경   미안해요. 오늘은 공부 못 해요.
>
> 루카스   왜요? 무슨 일 있어요?
>
> 이하경   동생이 팔을 다쳐서 숙제를 도와줘야 돼요.
>
> 루카스   알겠어요. 그럼 다음에 만나요.

| 보기 | ① | ② | ③ |
|---|---|---|---|
| 공부하다 | 영화를 보다 | 산책하다 | 점심을 먹다 |
| 공부하다 | 영화를 보다 | 산책하다 | 점심을 먹다 |
| 팔을 다치다/ 숙제를 도와주다 | 감기에 걸리다/ 같이 병원에 가다 | 기침을 하다/ 약을 사러 가다 | 허리를 다치다/ 도와주러 가다 |

**2** 여러분이 아파서 친구를 못 만나요. 친구와 이야기해 보세요.

> 같이 테니스 치러 가요.

> 오늘은 머리가 아파서 못 가요. 다음에 같이 가요.

- ✓ 테니스를 치다
- 캠핑하다
- 남산에 가다
- 저녁을 먹다
- 쇼핑하다

머리가 아프다     몸이 안 좋다

배탈이 나다     열이 나다

# 듣고 말하기

🎧 12-4

 여러분은 언제 병원에 가요? 다음을 듣고 대답해 보세요.

**1** 장홍 씨는 어디가 아파요? 맞는 것을 고르세요.

①   ②   ③   ④

**2** 장홍 씨는 요즘 왜 스트레스가 많아요?

_____

**3** 장홍 씨는 무엇을 해야 해요? 맞으면 ○, 틀리면 ✕ 하세요.

① 장홍 씨는 산책을 해야 해요.

② 장홍 씨는 밤에 게임을 해야 해요.

③ 장홍 씨는 낮에 커피를 마셔야 해요.

④ 장홍 씨는 하루에 한 번 약을 먹어야 해요.

🗣 여러분은 언제 왜 아팠어요? 친구와 이야기해 보세요.

> 자르갈 씨, 언제 아팠어요?

> 왜 아팠어요?

> 어디가 아팠어요?

> 그래서 어떻게 했어요?

> 지난 3월에 많이 아팠어요.

> 감기에 걸렸어요.

> 목이 아프고 열이 났어요.

> 약을 먹고 푹 쉬었어요.

🚩새단어 스트레스 | 다 | 또 | 더

# 읽고 쓰기

● 여러분은 언제 문자 메시지를 보내요? 다음을 읽고 대답해 보세요.

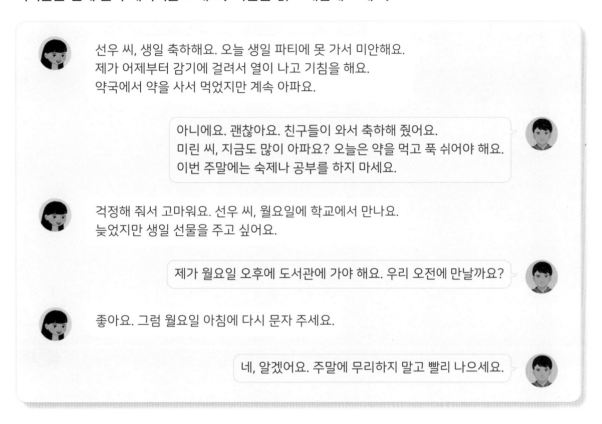

선우 씨, 생일 축하해요. 오늘 생일 파티에 못 가서 미안해요.
제가 어제부터 감기에 걸려서 열이 나고 기침을 해요.
약국에서 약을 사서 먹었지만 계속 아파요.

아니에요. 괜찮아요. 친구들이 와서 축하해 줬어요.
미린 씨, 지금도 많이 아파요? 오늘은 약을 먹고 푹 쉬어야 해요.
이번 주말에는 숙제나 공부를 하지 마세요.

걱정해 줘서 고마워요. 선우 씨, 월요일에 학교에서 만나요.
늦었지만 생일 선물을 주고 싶어요.

제가 월요일 오후에 도서관에 가야 해요. 우리 오전에 만날까요?

좋아요. 그럼 월요일 아침에 다시 문자 주세요.

네, 알겠어요. 주말에 무리하지 말고 빨리 나으세요.

**1** 미린 씨는 오늘 뭐 했어요? 맞는 것을 고르세요.

①  ②  ③  ④

**2** 글의 내용과 맞으면 ○, 틀리면 × 하세요.

① 오늘 선우 씨의 생일 파티를 했어요.

② 미린 씨가 선우 씨에게 선물을 줬어요.

③ 미린 씨가 배탈이 나서 생일 파티에 못 갔어요.

④ 미린 씨와 선우 씨는 월요일 오전에 만날 거예요.

새단어 | 계속 | 걱정하다 | 빨리 | 낫다

✎ 친구나 선생님께 문자 메시지를 써 보세요.

1 여러분이 일이 있어서 문자 메시지를 보내야 해요. 누구에게 무슨 문자 메시지를 보낼 거예요?

| 누구에게 보내요? | |
| 무슨 일이 있어요? | |
| 다음에 만나서 뭘 하고 싶어요? | |

2 친구에게 문자 메시지를 쓰세요. 그리고 답장도 받으세요.

_____ 씨, 제가 오늘

새단어   답장

## 한국의 약국

한국에서 약국에 가고 싶어요. 무엇을 알아야 할까요?

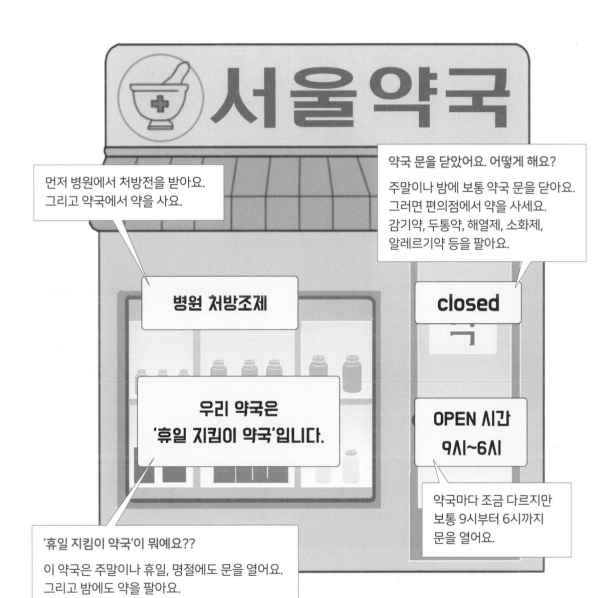

먼저 병원에서 처방전을 받아요.
그리고 약국에서 약을 사요.

약국 문을 닫았어요. 어떻게 해요?

주말이나 밤에 보통 약국 문을 닫아요.
그러면 편의점에서 약을 사세요.
감기약, 두통약, 해열제, 소화제,
알레르기약 등을 팔아요.

병원 처방조제

closed

우리 약국은
'휴일 지킴이 약국'입니다.

OPEN 시간
9시~6시

약국마다 조금 다르지만
보통 9시부터 6시까지
문을 열어요.

'휴일 지킴이 약국'이 뭐예요??

이 약국은 주말이나 휴일, 명절에도 문을 열어요.
그리고 밤에도 약을 팔아요.
www.pharm114.or.kr에서
여러분 집 근처에 있는 약국을 찾아 보세요.

새단어 처방전 | 두통약 | 해열제 | 소화제 | 알레르기 | 명절

# Unit 13

# 이번 주말에 영화 볼 수 있어요?

학습목표

| | |
|---|---|
| **어휘** | 약속 |
| | 선물 |
| **문법과 표현 1** | V-(으)ㄹ 수 있다/없다 |
| **문법과 표현 2** | V-(으)ㄹ게요 |
| **말하기 1** | 약속 제안하기 |
| **문법과 표현 3** | V-기 전에 |
| **문법과 표현 4** | V-(으)ㄴ 후에 |
| **말하기 2** | 약속 거절하기 |
| **듣고 말하기** | 약속 바꾸기에 대한 대화 듣고 말하기 |
| **읽고 쓰기** | 약속 취소에 대한 글 읽기 |
| | 약속을 지키지 못한 경험에 대한 글 쓰기 |
| **발음** | 경음화1 |

강남지하쇼핑센터

9
출입구
강남
Gangnam
2호선
신분당

9
출입구
강남
Gangnam
2호선
신분당

## 들어요 🎧

🎧 13-1

| 루카스 | 미린 씨, 이번 주말에 영화 볼 수 있어요? |
| 미 린 | 네, 좋아요. 언제 만날까요? |
| 루카스 | 토요일 4시쯤 강남역 어때요? 표는 제가 예매할게요. |
| 미 린 | 좋아요. 영화 본 후에 같이 저녁도 먹어요. |
|  | 저녁은 제가 살게요. |
| 루카스 | 고마워요. 만나기 전에 제가 다시 연락할게요. |

1. 루카스 씨하고 미린 씨는 주말에 뭐 할 거예요?

2. 두 사람은 언제 어디에서 만날 거예요?

3. 누가 저녁을 살 거예요?

약속

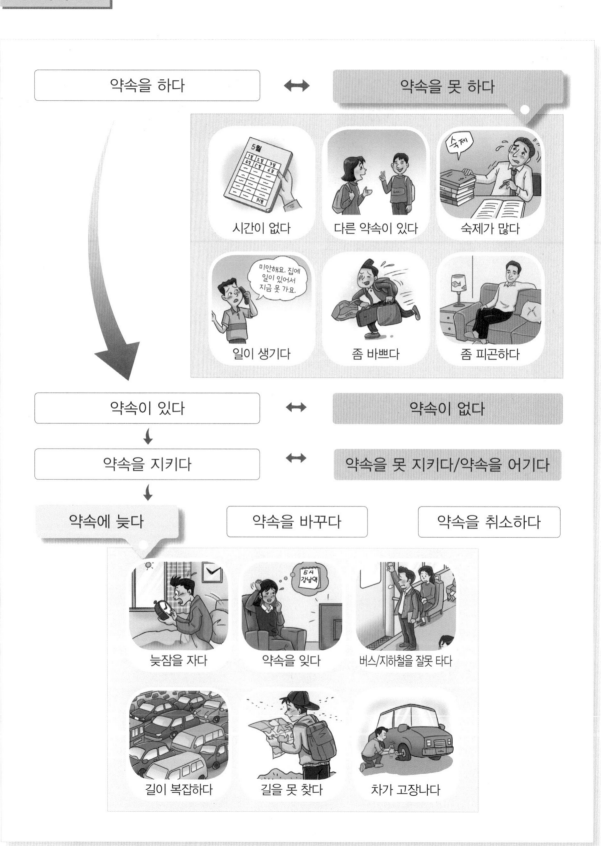

약속을 하다 ↔ 약속을 못 하다

시간이 없다
다른 약속이 있다
숙제가 많다

미안해요. 집에 일이 있어서 지금 못 가요.
일이 생기다
좀 바쁘다
좀 피곤하다

약속이 있다 ↔ 약속이 없다

약속을 지키다 ↔ 약속을 못 지키다/약속을 어기다

약속에 늦다    약속을 바꾸다    약속을 취소하다

늦잠을 자다
약속을 잊다
버스/지하철을 잘못 타다

길이 복잡하다
길을 못 찾다
차가 고장나다

## 선물

생일 선물

입학 선물

졸업 선물

축하 선물

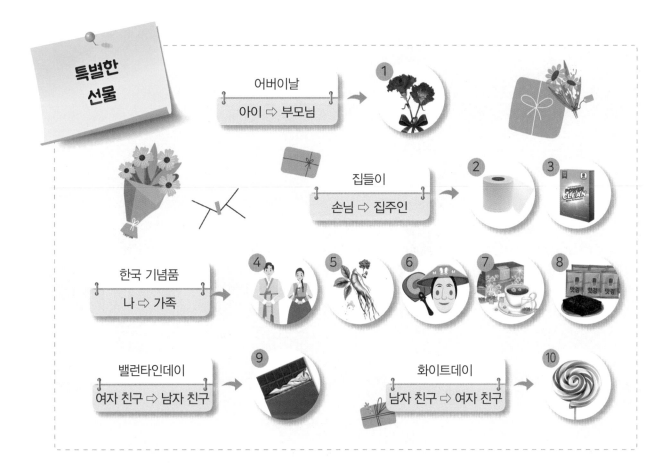

특별한 선물

어버이날
아이 ⇨ 부모님 ① → 

집들이
손님 ⇨ 집주인 ② ③

한국 기념품
나 ⇨ 가족 → ④ ⑤ ⑥ ⑦ ⑧

밸런타인데이
여자 친구 ⇨ 남자 친구 ⑨ → 

화이트데이
남자 친구 ⇨ 여자 친구 → ⑩

보기

① 카네이션　② 휴지　③ 세제　④ 한복　⑤ 인삼

⑥ 전통 공예품　⑦ 전통차　⑧ 김　⑨ 초콜릿　⑩ 사탕

### V-(으)ㄹ 수 있다/없다

- 저는 탁구를 칠 수 있어요.
- 빅토르 씨는 매운 음식을 먹을 수 없어요.

- 가 줄리 씨, 주말에 영화를 볼 수 있어요?
- 나 네, 주말에 영화를 볼 수 있어요.

| V | 받침 ○ | -을 수 있다/없다 | 먹을 수 있어요/없어요 |
|---|---|---|---|
| | 받침 × | -ㄹ 수 있다/없다 | 볼 수 있어요/없어요 |

- 만들다 ➡ 만들 수 있어요
- 듣다 ➡ 들을 수 있어요
- 돕다 ➡ 도울 수 있어요

 보기 와 같이 이야기해 보세요.

보기

수영을 하다

가 수영을 할 수 있어요?
나 네, 수영을 할 수 있어요.

① 스키를 타다　② 기타를 치다　③ 김밥을 만들다　④ 한자를 읽다

 보기 와 같이 이야기해 보세요.

도서상품권으로 무엇을 할 수 있어요? 무엇을 할 수 없어요?

| 보기 밥을 먹을 수 있어요. | 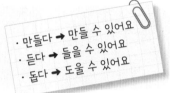 | 보기 버스를 탈 수 없어요. |
|---|---|---|

새단어　도서상품권

## 문법과 표현 2

### V-(으)ㄹ게요

- 저녁은 제가 살게요.
- 내일부터 지각하지 않을게요.

- 가 누가 책을 읽을까요?
- 나 제가 읽을게요.

| V | 받침 ○ | -을게요 | 먹을게요 |
|---|---|---|---|
| | 받침 × | -ㄹ게요 | 살게요 |

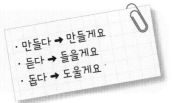
- 만들다 ➡ 만들게요
- 듣다 ➡ 들을게요
- 돕다 ➡ 도울게요

 보기 와 같이 이야기해 보세요.

보기

가 줄리 씨, 어디에서 기다릴 거예요?
나 기숙사 앞에서 기다릴게요.

**기숙사 앞에서 기다리다**    제가 만들다    에어컨을 켜다    다음부터 늦지 않다    6시까지 가다

① 내일 몇 시까지 올 수 있어요?
② 누가 음식을 만들 거예요?
③ 교실이 너무 더워요.
④ 폴 씨, 오늘도 지각했네요.

보기 와 같이 이야기해 보세요.

선생님하고 학생이 무슨 약속을 할까요?

보기 열심히 공부할게요.

새단어    지각하다

▶ 13-2

**1** 보기 와 같이 이야기해 보세요.

보기

| 조엔 | 폴 씨, 내일 바빠요? |
| 폴 | 아니요, 별일 없어요. 왜요? |
| 조엔 | 내일 반 친구들하고 미린 씨 생일 파티를 할 거예요. |
| 폴 | 그래요? 몇 시에 어디에서 할 거예요? |
| 조엔 | 오후 5시에 우리 집에서 할 거예요. |
| 폴 | 좋아요. 저도 좀 도울까요? |
| 조엔 | 그럼 폴 씨가 꽃을 준비할 수 있어요? |
| 폴 | 그럼요. 제가 꽃을 준비할게요. |

| 보기 | ① | ② | ③ |
|---|---|---|---|
| 오후 5시/우리 집 | 저녁 7시/하경 씨 집 | 낮 12시/학교 앞 식당 | 오전 11시 반/ 기숙사 휴게실 |
| 꽃/준비하다 | 생일 카드/쓰다 | 축하 노래/부르다 | 케이크/만들다 |
| 꽃/준비하다 | 생일카드/쓰다 | 축하 노래/부르다 | 케이크/만들다 |

**2** 여러분은 내일 무엇을 할 거예요? 친구와 내일 약속을 해 보세요.

내일 바빠요?

저하고 한강 공원에 자전거 타러 갈까요?

오전 9시에 학교 앞에서 만나요.

아니요, 별일 없어요. 왜요?

좋아요. 몇 시에 어디에서 만날까요?

그래요. 내일 만나요.

| 무엇을 해요? | |
|---|---|
| 몇 시에 만나요? | |
| 어디에서 만나요? | |

 새단어 별일 없다 | 준비하다

# 문법과 표현 3

## V-기 전에

- 밥을 먹기 전에 손을 씻어요.
- 시험을 보기 전에 열심히 공부할 거예요.

- 가 한국에 오기 전에 뭐 했어요?
  나 회사에 다녔어요.

| V | 받침 ○, × | 먹기 전에<br>보기 전에 |
|---|---|---|

 보기 와 같이 이야기해 보세요.

보기

세수하다 ➡ 아침을 먹다

가 미린 씨가 아침을 먹기 전에 뭐 해요?
나 아침을 먹기 전에 세수해요

① 이를 닦다 ➡ 잠을 자다
② 창문을 열다 ➡ 청소하다
③ 식사하다 ➡ 약을 먹다
④ 공부를 많이 하다 ➡ 시험을 보다
⑤ 신발을 벗다 ➡ 집에 들어가다

 친구와 이야기해 보세요.

① 보통 자기 전에 뭐 해요?
② 여행을 가기 전에 무엇을 해야 해요?
③ 오늘 학교에 오기 전에 뭐 했어요?
④ 한국에 오기 전에 어디에 살았어요?
⑤ 이번 학기가 끝나기 전에 뭐 할 거예요?

새단어 세수하다 | 이를 닦다 | 벗다 | 들어가다

### V-(으)ㄴ 후에

- 밥을 먹은 후에 커피를 마셔요.
- 숙제를 한 후에 친구를 만날 거예요.

- 가 보통 수업이 끝난 후에 뭐 해요?
  나 식당에 가서 점심을 먹어요.

| V | 받침 ○ | -은 후에 | 먹은 후에 |
|---|--------|---------|-----------|
|   | 받침 × | -ㄴ 후에 | 마신 후에 |

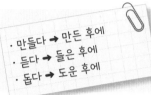

· 만들다 ➡ 만든 후에
· 듣다 ➡ 들은 후에
· 돕다 ➡ 도운 후에

 보기 와 같이 이야기해 보세요.

보기

가 루카스 씨가 아침에 일어난 후에 뭐 해요?
나 아침에 일어난 후에 샤워해요.

 친구와 이야기해 보세요.

① 보통 숙제를 한 후에 뭐 해요?
② 어제 수업이 끝난 후에 뭐 했어요?
③ 한국에 도착한 후에 제일 먼저 뭐 했어요?
④ 한국어를 배운 후에 뭐 하고 싶어요?
⑤ 고향에 돌아간 후에 뭐 할 거예요?

새단어 돌아가다

# 말하기 2

13-3

**1** 보기 와 같이 이야기해 보세요.

> **보기**
>
> 장홍　줄리 씨, 수요일 오후에 시간 있어요?
>
> 줄리　미안해요. 수요일 오후에 대사관에 가요.
>
> 장홍　그럼 대사관에 다녀온 후에 어때요?
>
> 줄리　정말 미안해요. 대사관에 다녀온 후에는 시험 공부를 해야 해요.
>
> 장홍　그래요? 그럼 다음에 만나요. 제가 다시 연락할게요.
>
> 줄리　네, 알겠어요. 연락 주세요.

| 보기 | ① | ② | ③ |
|---|---|---|---|
| 대사관에 가다 | 태권도 수업이 있다 | 반친구하고 사진을 찍다 | 회사에서 회의가 있다 |
| 대사관에 다녀 오다 | 태권도 수업이 끝나다 | 사진을 찍다 | 회의가 끝나다 |
| 시험 공부를 하다 | 친구를 만나러 공항에 가다 | 가족들하고 저녁을 먹다 | 약속이 있어서 명동에 가다 |

**2** 여러분이 약속을 거절하고 싶어요. 어떻게 해요? 친구와 이야기해 보세요.

토요일에 시간 있어요?

그럼 아르바이트가 끝난 후에 어때요?

그래요? 그럼 다음에 만나요. 제가 다시 연락할게요.

미안해요. 토요일 오후에 아르바이트를 해야 해요.

정말 미안해요. 아르바이트가 끝난 후에 숙제를 해야 해요.

네, 알겠어요. 연락 주세요.

새단어 대사관 | 다녀오다 | 연락하다 | 연락(을) 주다 | 회의

13과 이번 주말에 영화 볼 수 있어요? · 101

# 듣고 말하기

🌑 여러분이 친구와 약속을 바꾸고 싶어요. 어떻게 해요? 다음을 듣고 대답해 보세요.  🎧 13-4

**1** 빅토르 씨가 왜 약속을 바꾸고 싶어 해요?

① 코엑스에 가야 해서
② 회사에 일이 생겨서
③ 다른 약속이 있어서
④ 회사 일이 일찍 끝나서

**2** 빅토르 씨는 내일 회사에서 몇 시쯤 일이 끝나요?

_____

**3** 빅토르 씨와 조엔 씨는 내일 몇 시에 어디에서 만날 거예요?

_____

🌑 여러분이 다른 일이 있어서 친구와 약속을 바꾸고 싶어요. 친구에게 이유를 이야기하고 약속을 바꿔 보세요.

미안하지만 약속 시간 좀 바꿀 수 있어요?

왜요? 무슨 일 있어요?

내일 일이 생겨서 회사에 가야 해요.

그래요? 그럼 언제 만날까요?

일요일 12시에 강남역 4번 출구 어때요?

좋아요. 그럼 일요일에 만나요.

| 왜 약속을 바꿔야 해요? | |
|---|---|
| 언제 만날 거예요? | |

 새단어  출발하다

● 여러분은 약속을 잘 지켜요? 언제 약속을 지키지 못 했어요? 다음을 읽고 대답해 보세요.

> 줄리 씨는 어제 자르갈 씨와 약속을 했습니다. 오늘 자르갈 씨와 함께 남대문 시장에 가서 가족들 선물을 사고 싶어 했습니다. 아버지 선물은 인삼, 어머니 선물은 한복, 언니 선물은 한국 전통 공예품을 사고 싶어 했습니다.
>
> 하지만 줄리 씨는 아침부터 배가 아팠습니다. 약을 먹었지만 계속 아파서 남대문 시장에 갈 수 없었습니다. 그래서 줄리 씨는 자르갈 씨에게 문자 메시지를 보냈습니다.
>
> "자르갈 씨, 정말 미안해요. 배가 아파서 남대문 시장에 갈 수 없어요."
>
> 잠시 후에 자르갈 씨에게서 답장이 왔습니다.
>
> "저는 괜찮아요. 빨리 병원에 가세요. 남대문 시장은 다음에 가요."
>
> 줄리 씨는 자르갈 씨하고 약속을 지키지 못해서 미안했습니다.

1 줄리 씨는 남대문 시장에서 무엇을 하고 싶어 했어요?

_____

2 줄리 씨는 왜 약속을 지킬 수 없었어요?

_____

3 맞는 것을 고르세요.

① 줄리 씨는 배가 아파서 병원에 갔어요.
② 줄리 씨는 자르갈 씨와 약속을 취소했어요.
③ 줄리 씨와 자르갈 씨는 어제 남대문 시장에서 쇼핑했어요.
④ 줄리 씨는 어머니 선물로 전통 공예품을 사고 싶어 했어요.

새단어  잠시 후

여러분은 언제 약속을 지키지 못했어요? 왜 지키지 못 했어요? 약속에 대한 이야기를 써 보세요.

| 언제 | |
| --- | --- |
| 누구하고 | |
| 어디에서 | |
| 무슨 약속 | |
| 왜 | |

## 📋 경음화 1 🎧 13-5

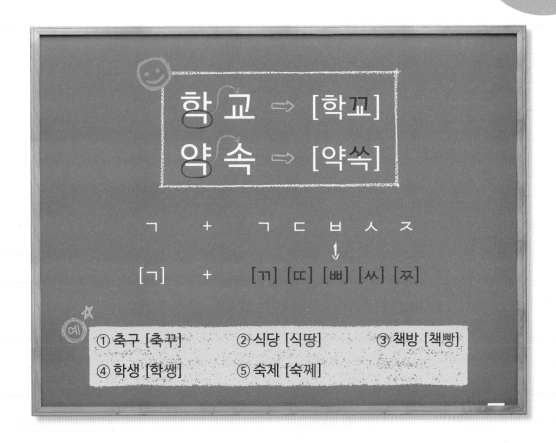

들어 보세요.

① 학교        ② 식당        ③ 약속        ④ 숙제

듣고 따라해 보세요.

① 주말에 축구를 할 거예요.

② 어제 친구하고 숙제했어요.

③ 가   보통 어디에서 점심을 먹어요?
    나   학생 식당에서 점심을 먹어요.

④ 가   내일 시간 있어요?
    나   미안해요. 다른 약속이 있어요.

# 한국에서 도자기를 만들어 봤어요?

 14-1

| 이하경 | 조엔 씨, 한국에서 도자기를 만들어 봤어요? |
|---|---|
| 조 엔 | 아니요, 아직 만들어 보지 못했어요. |
| | 하지만 기회가 있으면 꼭 만들어 보고 싶어요. |
| 이하경 | 이천에 가면 도자기를 직접 만들어 볼 수 있어요. |
| | 제가 다음 주 토요일에 시간이 있으니까 같이 갈까요? |
| 조 엔 | 네, 좋아요. 같이 가서 만들어요. |
| 이하경 | 도자기를 만든 후에 도자기 박물관에도 가 봐요. |
| 조 엔 | 그래요. 꼭 같이 가요. |

1. 조엔 씨는 한국에서 도자기를 만들어 봤어요?
2. 어디에 가면 도자기를 만들어 볼 수 있어요?
3. 두 사람은 언제 도자기를 만들러 갈 거예요?

### 한국에서의 경험

한복을 입다

한국 요리를 배우다

도자기를 만들다

전통 공예품을 만들다

콘서트에 가다

케이팝 댄스를 배우다

사물놀이 공연을 보다

불꽃놀이를 구경하다

케이블카를 타다

가 어제 경복궁에 가서 한복을 입어 봤어요.

나 그래요? 즐거웠겠네요.

## 서울의 시장

전통 공예품: 탈, 부채
남대문시장

빈대떡, 마약 김밥
광장시장

약재: 인삼, 대추
약령시장

옷, 액세서리
동대문시장

꽃, 나무
양재 꽃시장

생선, 해산물
노량진 수산시장

 가 서울에 시장이 많이 있어요. 우리 시장 구경하러 갈까요?

나 좋아요. 저는 한국 전통 기념품을 사고 싶어요.

가 그럼 남대문 시장에 가요. 거기에 전통 공예품이 많아요.

### V-아 보다/어 보다

- 가 이 음식을 먹어 봤어요?
  나 네, 먹어 봤어요.

- 가 한국에서 운전을 해 봤어요?
  나 아니요, 안 해 봤어요.

| V | ㅏ, ㅗ ○ | + -아 봤다 | 살아 봤어요 |
|---|---|---|---|
| | ㅏ, ㅗ × | + -어 봤다 | 먹어 봤어요 |
| | 하다 | → 해 봤다 | 수영해 봤어요 |

- 쓰다 ➡ 써 봤어요
- 걷다 ➡ 걸어 봤어요
- 보다 ➡ 봤어요

 보기 와 같이 이야기해 보세요.

보기

가 경복궁에서 한복을 입어 봤어요?
나 네, 입어 봤어요.

경복궁, 한복을 입다

① 한강, 유람선을 타다   ② 도자기 축제, 도자기를 만들다   ③ 한국, 아르바이트를 하다   ④ 한국 미용실, 머리를 깎다

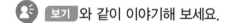 보기 와 같이 이야기해 보세요.

보기

가 삼겹살을 먹어 봤어요?
나 아니요, 안 먹어 봤어요.
가 그럼 한번 먹어 보세요. 아주 맛있어요.

삼겹살, 먹다/맛있다

① 교통카드, 쓰다/편하다   ② 김치, 만들다/재미있다   ③ 번지 점프, 하다/기분이 좋다   ④ 서울 야경, 보다/아름답다

 새단어  유람선 | 머리를 깎다 | 교통카드 | 번지 점프 | 야경

## 문법과 표현 2

### V-지 못하다

- 수업이 있어서 만나지 못해요.
  늦게 일어나서 아침을 먹지 못했어요.

- 가 루카스 씨, 같이 축구를 할까요?
  나 미안해요. 다리가 아파서 축구를 하지 못해요.

| V | 받침 ○, × | 먹지 못해요<br>가지 못해요 |
|---|---|---|

 보기 와 같이 이야기해 보세요.

보기

공포영화, 보다

가 공포영화를 볼 수 있어요?
나 아니요, 공포영화를 보지 못해요.

①
된장찌개, 먹다

②
탁구, 치다

③
운전, 하다

④
중국어, 읽다

 보기 와 같이 이야기해 보세요.

보기

잠, 잘 자다

가 어제 잠을 잘 잤어요?
나 아니요, 잘 자지 못했어요.

①
영화, 보다

②
이메일, 보내다

③
핸드폰, 찾다

④
그림, 그리다

보기 와 같이 이야기해 보세요.

보기

가 한국어 신문을 읽지 못해요.
나 왜 읽지 못해요?
가 단어가 어려워서 읽지 못해요.

한국어 신문, 읽다/단어가 어렵다

①

축구, 하다/다리를 다치다

②

내일 수업, 듣다/친구가 고향에서 오다

③

줄리 씨 생일파티, 가다/회사에 일이 있다

④

중국어, 말하다/배우지 않다

⑤

이 핸드폰, 잘 사용하다/지난주에 새로 사다

⑥

떡볶이, 잘 먹다/맵다

새단어　새로

# 말하기 1

**1** 보기 와 같이 이야기해 보세요.

보기

| 미린 | 줄리 씨, 여의도 한강 공원에 가 봤어요? |
|---|---|
| 줄리 | 아니요, 아직 가 보지 못했어요. |
| 미린 | 그럼 이번 토요일에 같이 갈까요? |
| 줄리 | 좋아요. 그런데 거기서 무엇을 할 수 있어요? |
| 미린 | 한강 유람선을 탈 수 있어요. 그리고 라면도 먹을 수 있어요. |
| 줄리 | 정말 재미있겠네요. |

|  보기  | ① | ② | ③ |
|---|---|---|---|
| 여의도 한강 공원 | 전주 | 부산 | 안동 |
| 이번 토요일 | 이번 일요일 | 다음 방학 | 다음 주말 |
| 한강 유람선을 타다 | 한옥 마을을 구경하다 | 해운대에서 수영하다 | 하회마을에 가다 |
| 라면 | 비빔밥 | 생선회 | 찜닭 |

**2** 여러분은 한국에서 어디에 가 봤어요? 무엇을 해 봤어요? 친구와 이야기해 보세요.

한국에서 어디에 가 봤어요?  무엇을 해 봤어요?  무슨 음식을 먹어 봤어요?

|  | 어디? | 무엇? | 무슨 음식? |
|---|---|---|---|
| _____씨 |  |  |  |
| _____씨 |  |  |  |
| _____씨 |  |  |  |

새단어  아직 | 하회 마을 | 찜닭

# 문법과 표현 3

## A/V-(으)면

- 고향에 도착하면 꼭 전화하세요.

  돈이 많으면 세계 여행을 하고 싶어요.

- 가 한국어를 잘하면 뭘 하고 싶어요?

  나 한국어를 잘하면 한국 회사에서 일하고 싶어요.

| A/V | 받침 ○ | –으면 | 많으면 |
|---|---|---|---|
| | 받침 × | –면 | 가면 |

- 살다 ➡ 살면
- 듣다 ➡ 들으면
- 덥다 ➡ 더우면

 보기 와 같이 이야기해 보세요.

보기

머리가 아프다/이 약을 먹다

가 머리가 아파요.
나 머리가 아프면 이 약을 드세요.

① 배가 고프다/식당에 가다
③ 친구가 안 오다/친구한테 전화하다
⑤ 너무 바빠서 피곤하다/좀 쉬다

② 가족들이 보고 싶다/영상통화를 하다
④ 한국어 발음을 잘 못하다/책을 큰소리로 읽다
⑥ 날씨가 덥다/아이스커피를 마시다

## 친구와 같이 이야기해 보세요.

① 시간이 있으면 뭘 해요?
② 돈이 많으면 뭘 하고 싶어요?
③ 기분이 안 좋으면 어떻게 해요?
④ 수업 시간에 졸리면 어떻게 해요?
⑤ 이번 주말에 날씨가 좋으면 뭘 할 거예요?
⑥ _____?

새단어 세계 여행 | 영상통화(를) 하다 | 발음 | 큰소리 | 졸리다

## 문법과 표현 4

### A/V-(으)니까

- 수업을 곧 시작하니까 빨리 들어오세요.

  날씨가 좋으니까 같이 산책해요.

- 가 점심에 불고기를 먹을까요?

  나 어제 불고기를 먹었으니까 다른 음식을 먹어요.

| A/V | 받침 ○ | -으니까 | 작으니까 |
|---|---|---|---|
| | 받침 × | -니까 | 공부하니까 |

- 길다 ➡ 기니까
- 듣다 ➡ 들으니까
- 덥다 ➡ 더우니까

 보기 와 같이 이야기해 보세요.

보기

비가 오니까 우산을 준비하세요.

- ✓ ① **비가 와요.**
  ② 오늘은 바빠요.
  ③ 다음 주에 시험이 있어요.
  ④ 여기는 금연이에요.
  ⑤ 저는 저녁을 먹었어요.
  ⑥ 학교에서 집이 멀어요.

- ㉮ 내일 만날까요?
  ㉯ 담배를 피우지 마세요.
  ㉰ 혼자 드세요.
  ㉱ **우산을 준비하세요.**
  ㉲ 너무 힘들어요.
  ㉳ 같이 공부해요.

 보기 와 같이 이야기해 보세요.

보기

가 창문 좀 닫아 주세요.
나 왜요?
가 바람이 많이 부니까 닫아 주세요.

창문을 닫다/바람이 불다

①

전화를 하다/한국어를 못하다

② ☀ 에어컨을 켜다/교실이 덥다

③ 기생충 휴대폰을 끄다/영화가 시작되다

④  조용히 하다/공부하다

새단어 곧 | 들어오다 | 천천히 | 금연 | 조용히 하다

# 말하기 2

1 보기 와 같이 이야기해 보세요.

14-3

보기

자르갈     루카스 씨, 뭐 하고 있어요?

루카스     콘서트에 가고 싶어서 인터넷으로 표를 예매하고 있어요.

             자르갈 씨는 콘서트에 가 봤어요?

자르갈     그럼요. 한국 노래를 좋아해서 자주 가요.

루카스     저는 이번이 처음이에요. 자르갈 씨, 시간이 있으면 저하고 같이 가요.

자르갈     좋아요. 그런데 표가 있어요?

루카스     네, 아직 표가 있으니까 걱정하지 마세요.

| 보기 | ① | ② | ③ |
|---|---|---|---|
| 콘서트에 가다 | 부채를 만들다 | 케이팝 댄스를 배우다 | 사물놀이 공연을 보다 |
| 표를 예매하다 | 수업을 예약하다 | 수업 시간을 확인하다 | 표를 예매하다 |
| 한국 노래를 좋아하다/ 가다 | 만들기를 좋아하다/ 가다 | 케이팝 댄스를 좋아하다/ 배우다 | 전통 음악에 관심이 있다/ 보다 |
| 표가 있다 | 자리가 있다 | 자리가 있다 | 표가 있다 |

SEOUL TECH 한국어 1B ·

116

2 여러분은 한국에서 아직 뭘 해 보지 못했어요? 또 친구에게 뭘 추천하고 싶어요? 친구와 이야기해 보세요.

> 저는 아직 케이블카를 타 보지 못했어요. 폴 씨는 케이블카를 타 봤어요?

> 네, 지난달에 타 봤어요. 남산에 가면 탈 수 있어요. 재미있으니까 꼭 타 보세요.

새단어   인터넷 | 예매하다 | 예약하다 | 부채 | 관심이 있다

# 듣고 말하기

🌙 고향에서 가족이나 친구가 오면 어디에 같이 가고 싶어요? 다음을 듣고 대답해 보세요.

**1** 줄리 씨는 어디에 가 봤어요? 모두 고르세요.

①   ②  ③   ④

**2** 광장시장은 무엇이 유명해요?

_____

**3** 맞는 것을 고르세요.

① 광장시장에서는 한국 음식만 팔아요.
② 광장시장은 오전에 가면 사람이 많지 않아요.
③ 줄리 씨는 이번 주말에 광장시장에 갈 거예요.
④ 줄리 씨는 선우 씨하고 광장시장에 가고 싶어 해요.

👤💬 한국 친구가 여러분 나라에 와요. 어디에 가면 좋아요? 친구와 이야기해 보세요.

왜 그곳에 가 봐야 해요?

여러 분 나라에서 어디에 가면 좋아요?

그곳에서 무엇을 할 수 있어요?

| | 어디? | 왜? | 무엇을? |
|---|---|---|---|
| _____씨 나라 | | | |
| _____씨 나라 | | | |

# 읽고 쓰기

◐ 여러분은 한국 요리를 배워 봤어요? 다음을 읽고 대답해 보세요.

폴 씨는 요즘 요리 학원에 다니고 있어요. 저도 한국 음식을 만들어 보고 싶어서 폴 씨하고 함께 요리 학원에 갔어요. 요리 수업에는 한국 사람들도 있었어요. 요리 선생님께서 먼저 불고기 요리법을 설명하셨어요. 저는 한국어를 못해서 잘 이해하지 못했어요. 하지만 폴 씨가 저를 도와줘서 만들 수 있었어요. 불고기를 만든 후에 선생님께서 다시 비빔밥 요리법을 가르쳐 주셨어요. 비빔밥에는 여러 채소가 들어가서 요리 시간이 많이 걸렸어요. 수업은 두 시간 후에 끝났어요. 그리고 우리는 함께 음식을 먹었어요. 한국 사람들하고 이야기도 하고 사진도 찍었어요. 한국어로 요리를 배우니까 좀 힘들었어요. 그런데 제가 직접 만들어서 좋았어요. 다음에 시간이 있으면 또 배우러 갈 거예요.

**1** 이 사람은 어제 무엇을 했어요?

① 　② 　③ 　④

**2** 이 사람은 왜 요리 학원에 갔어요?

_____

**3** 맞는 것을 고르세요.

① 요리 수업에 외국인들만 있었어요.
② 요리 선생님은 한국어로 설명해 주셨어요.
③ 비빔밥을 만든 후에 불고기를 만들었어요.
④ 배가 고프지 않아서 음식을 먹지 않았어요.

새단어 　함께 | 학원 | 요리법 | 이해하다 | 직접

✎ 여러분은 한국에서 무엇을 해 봤어요? 경험에 대해서 써 보세요.

한국에서 무엇을 해 봤어요?

왜 그것을 해 보고 싶었어요?

그것은 어떻게 해요?

그것을 해 보니까 어땠어요?

# −아서/어서 vs −(으)니까

| −아서/어서 (9과) | −(으)니까 (14과) |
|---|---|
| ① −아서/어서 + −(으)세요, −지 마세요 (×)<br>　　　　같이 −아/어요 (×)<br>　　　　같이 −(으)ㄹ까요? (×) | ① −(으)니까 + −(으)세요, −지 마세요 (○)<br>　　　　같이 −아/어요 (○)<br>　　　　같이 −(으)ㄹ까요? (○) |
| • 비가 와서 우산을 준비하세요. (×)<br>• 내일 시험이 있어서 같이 공부할까요? (×) | • 비가 오니까 우산을 준비하세요. (○)<br>• 내일 시험이 있으니까 같이 공부할까요? (○) |
| ② −았어서/었어서 (×) → −아서/어서 (○) | ② −았으니까/었으니까 (○) |
| • 어제 눈이 많이 왔어서 등산을 못 했어요. (×)<br>　　　　→ 와서 | • 어제 눈이 많이 왔으니까 등산하지 마세요.<br>　　　　(○) |
| ③ −아서/어서 + 반갑다, 고맙다, 감사하다<br>　　　　미안하다, 죄송하다 (○) | ③ −(으)니까 + 반갑다, 고맙다, 감사하다<br>　　　　미안하다, 죄송하다 (×) |
| • 만나서 반갑습니다. (○)<br>• 늦어서 죄송합니다. (○) | • 만났으니까 반갑습니다. (×)<br>• 늦었으니까 죄송합니다. (×) |

● 맞는 것을 고르세요.

보기

배가 ( 고파서, 고프니까 ) 밥을 먹을까요?

1) 영화가 (재미있어서, 재미있으니까) 두 번 봤어요.

2) 날씨가 (추워서, 추우니까) 창문을 닫아 주세요.

3) 어제 한식을 (먹었어서, 먹었으니까) 오늘은 양식을 먹을까요?

4) 저는 (외국인이라서, 외국인이니까) 한국어를 잘 못해요.

5) 미린 씨, (도와줘서, 도와줬으니까) 고마워요.

## 📋 한국의 축제

🌓 한국에는 재미있는 축제가 많아요. 여러분은 어디에 가고 싶어요?

### 강릉 커피 축제

언제? 10월 가을
어디에서? 안목해변
무엇을? 세계에서 유명한 커피를 마실 수 있어요.

### 신촌 물총 축제

언제? 7월 여름
어디에서? 신촌 연세로
무엇을? 길에서 물총을 쏘고 놀아요. 여기에 가면 여러 공연도 볼 수 있어요.

### 대구 치맥 축제

언제? 7월 여름
어디에서? 두류공원
무엇을? 맥주를 마시고 치킨을 먹을 수 있어요.

### 보령 머드 축제

언제? 7월 여름
어디에서? 대천 해수욕장
무엇을? 진흙으로 목욕을 하고 씨름도 해요. 재미있는 행사가 많아요.

### 진해 군항제

언제? 3월 봄
어디에서? 진해 시내
무엇을? 벚꽃을 보고 군악대의 공연도 구경해요. 멋있는 사진을 찍을 수 있어요.

---

✏️ 새단어  물총 | 쏘다 | 진흙 | 목욕(을) 하다 | 씨름 | 행사 | 시내 | 벚꽃 | 군악대

# 친구가 안내해 주기로 했어요

## 학습목표 🎯

| | |
|---|---|
| ● **어휘** | 여행 관련 어휘 |
| | 여행 준비 |
| | 여행 순서 |
| ● **문법과 표현 1** | V-(으)려고 하다 |
| ● **문법과 표현 2** | A-(으)ㄴ |
| ● **말하기1** | 여행 경험에 대해 말하기 |
| ● **문법과 표현 3** | N보다 |
| ● **문법과 표현 4** | V-기로 하다 |
| ● **말하기2** | 여행 계획에 대해 말하기 |
| ● **듣고 말하기** | 패키지여행에 대한 대화 듣기 |
| | 배낭여행이나 패키지여행 경험에 대해 말하기 |
| ● **읽고 쓰기** | 여행 일정 안내에 대한 글 읽기 |
| | 여행 계획에 대한 글 쓰기 |
| ● **발음** | 자음동화2 |

## 들어요 🎧

🎧 15-1

자르갈    루카스 씨는 이번 주말에 뭐 하려고 해요?

루카스    저는 부산에 가려고 해요.

자르갈    그래요? 부산에서 뭐 할 거예요?

루카스    친구를 만나서 여기저기 구경을 할 거예요.
            친구가 안내해 주기로 했어요.

자르갈    좋겠어요. 부산은 서울보다 생선회가 싸고 맛있으니까
            많이 먹고 오세요.

루카스    네, 알겠어요. 좋은 정보를 알려 줘서 고마워요.

· · · · · · · · · · · · · · · · · · · · · · · · · · · · · · · · · · · · · · · · · · ·

1. 루카스 씨는 이번 주말에 무엇을 하려고 해요?

2. 루카스 씨는 부산에서 무엇을 할 거예요?

3. 부산은 서울보다 무엇이 싸고 맛있어요?

## 여행

배낭여행

패키지여행

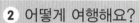

**2** 어떻게 여행해요?

기차 여행

버스 여행

크루즈 여행

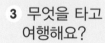

**3** 무엇을 타고 여행해요?

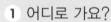

**1** 어디로 가요?

국내여행

해외여행

여행을 가요

**4** 어디에서 자요?

호텔

펜션

게스트하우스

민박

## 여행 준비

여권을 만들다 → 비자를 받다 → 비행기 표를 예매하다

→ 호텔을 예약하다 → 환전을 하다, 돈을 바꾸다

## 여행 순서

계획하다 → 예약하다/예매하다 → 맛집을 찾아보다 → 짐을 싸다

→ 출발하다 → 도착하다 → 짐을 풀다 →

구경하다 → 사진을 찍다 → 기념품을 사다 → 돌아오다

## V-(으)려고 하다

● 가 지금 뭐 해요?

나 배가 고파서 점심을 먹으려고 해요.

● 가 이번 주말에 뭐 할 거예요?

나 부산으로 여행을 가려고 해요.

| V | 받침 ○ | -으려고 하다 | 먹으려고 하다 |
|---|---|---|---|
| | 받침 × | -려고 하다 | 가려고 하다 |

· 만들다 ➡ 만들려고 하다
· 듣다 ➡ 들으려고 하다

 보기 와 같이 이야기해 보세요.

보기

오늘 오후/사진을 찍다

가 오늘 오후에 뭐 하려고 해요?
나 N서울타워에 가서 사진을 찍으려고 해요.

① 오늘 밤/볼링을 치다

② 내일/비자를 받다

③ 이번 주말/생일 파티를 하다

④ 방학/여행을 가다

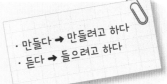 보기 와 같이 여러분의 계획을 이야기해 보세요.

보기

가 이번 겨울에 뭐 하려고 해요?
나 고향에 가서 친구들을 만나려고 해요.

✓이번 겨울    ① 내년    ② 대학교 졸업 후    ③ 10년 후

# 문법과 표현 2

## A-(으)ㄴ N

● 가 어디로 여행을 가고 싶어요?

　나 경치가 좋은 곳으로 가고 싶어요.

● 가 조엔 씨는 어떤 사람이에요?

　나 착하고 친절한 사람이에요.

| A | 받침 ○ | -은 | 작은 가방 |
|---|---|---|---|
| | 받침 × | -ㄴ | 예쁜 꽃 |

- 달다 ➡ 단
- 아름답다 ➡ 아름다운
- 있다/없다 ➡ 있는/없는

보기 와 같이 이야기해 보세요.

보기

가 어떤 치마를 입고 싶어요?

나 저는 짧은 치마를 입고 싶어요.

치마, 입다/짧다, 치마

①

구두, 신다/낮다, 구두

②

가방, 들다/크다, 가방

③

영화, 보다/재미있다, 영화

④

음식, 먹다/달다, 음식

친구와 이야기해 보세요.

① 우리 반에서 한국 친구가 가장 많은 사람은 누구예요?

② 우리 반에서 가장 키가 큰 사람은 누구예요?

③ 여러분 나라에서 가장 유명한 장소는 어디예요?

④ 세계에서 가장 높은 산은 뭐예요?

⑤ 한국에서 여행 가고 싶은 곳은 어디예요?

⑥ 학교 근처에서 싸고 맛있는 식당은 어디예요?

새단어 경치 | 착하다 | 들다 | 가장

# 말하기 1

15-2

**1** 보기 와 같이 이야기해 보세요.

> **보기**
>
> 장홍  이 사진 멋있네요. 여기가 어디예요?
>
> 줄리  제주도예요. 지난 방학에 가족하고 다녀왔어요.
>
> 장홍  말도 탔네요. 무섭지 않았어요?
>
> 줄리  네, 작은 말이라서 괜찮았어요.
>
> 장홍  저도 이번 방학에 제주도에 가려고 해요.
>
>     줄리 씨가 가 봤으니까 정보 좀 주세요.
>
> 줄리  네, 조금 후에 이메일로 보내줄게요.

| 보기 | ① | ② | ③ |
|---|---|---|---|
| 제주도 | 경주 | 전주 | 춘천 |
| 말도 타다 | 등산도 하다 | 한옥에서 자다 | 레일바이크도 타다 |
| 무섭다 | 힘들다 | 불편하다 | 다리가 아프다 |
| 작은 말 | 낮은 산 | 좋은 호텔 | 짧은 코스 |

**2** 여러분은 어디를 여행했어요? 친구와 이야기해 보세요.

| | 줄리 씨 | 나 |
|---|---|---|
| ① 언제 어디를 여행했어요? | ① 작년 여름, 프랑스 | |
| ② 어떻게 여행했어요? | ② 배낭여행 | |
| ③ 누구하고 갔어요? | ③ 혼자 | |
| ④ 거기에서 뭐 했어요? 어땠어요? | ④ 에펠탑을 보다<br>맛있는 음식도 많이 먹다<br>조금 외로웠지만 즐거웠다 | |

새단어  정보 | 레일바이크 | 코스 | 에펠탑

# 문법과 표현 3

## N보다

- 제 동생이 저보다 키가 커요.

  저는 사과보다 딸기를 더 좋아해요.

- 가 고향 날씨가 어때요?

  나 제 고향은 서울보다 따뜻해요.

| N | 받침 ○, × | 친구보다<br>서울보다 |
|---|---|---|

### 보기 와 같이 이야기해 보세요.

보기

뭐, 맛있다

가 뭐가 맛있어요?
나 불고기가 비빔밥보다 맛있어요.

①

뭐, 편하다

②

어디, 춥다

③

어디, 복잡하다

### 보기 와 같이 이야기해 보세요.

보기

축구 > 농구

가 무슨 운동을 더 좋아해요?
나 농구보다 축구를 더 좋아해요.

① 무슨 계절을 더 좋아해요?　　　　　여름 ◯ 겨울

② 무슨 음악을 더 자주 들어요?　　　발라드 음악 ◯ 댄스 음악

③ 무슨 요일에 더 바빠요?　　　　　토요일 ◯ 일요일

④ 어떤 음식을 더 자주 먹어요?　　　매운 음식 ◯ 짠 음식

⑤ 어떤 곳을 더 여행하고 싶어요?　사람이 없는 곳 ◯ 맛집이 많은 곳

새단어 발라드 | 댄스 | 맛집

## V-기로 하다

- 이번 주말에 제주도에서 여행하기로 했어요.

  저는 다음 달부터 기타를 배우기로 했습니다.

- 가 오늘 점심에 뭐 먹을 거예요?

  나 선우 씨하고 닭갈비를 먹기로 했어요.

| V | 받침 ○, × | 먹기로 하다<br>가기로 하다 |
|---|---|---|

 보기 와 같이 이야기해 보세요.

보기

한국어를 더 열심히 공부할 거예요.

가 내년에 뭐 하기로 했어요?
나 한국어를 더 열심히 공부하기로 했어요.

① 아침에 일찍 일어날 거예요.

② 컴퓨터 게임을 안 할 거예요.

③ 한국 친구를 많이 사귈 거예요.

④ 담배를 끊을 거예요.

보기 와 같이 이야기해 보세요.

보기

가 어디에 갈 거예요?
나 경주에 가기로 했어요.

✓ ① 어디에 갈 거예요?

② 언제 갈 거예요?

③ 무엇을 타고 갈 거예요?

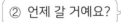

④ 무엇을 구경할 거예요?

⑤ 무엇을 먹을 거예요?

⑥ 어디에서 잘 거예요?

새단어 열심히 | 사귀다 | 담배를 끊다

# 말하기 2

1 보기와 같이 이야기해 보세요.

 15-3

보기

줄리  장홍 씨, 어제 제주도 여행 정보를 이메일로 보냈어요.

장홍  네, 봤어요. 그런데 동생이 바빠서 부산에 가기로 했어요.

줄리  부산도 좋아요. 여행 계획은 세웠어요?

장홍  그럼요. 해운대하고 자갈치 시장에 가려고 해요. 줄리 씨도 가 봤어요?

줄리  네, 그런데 저는 자갈치 시장보다 국제 시장이 더 좋았어요.

    시간이 있으면 거기도 한번 가 보세요.

장홍  알겠어요. 저도 꼭 가 볼게요.

| 보기 | ① | ② | ③ |
|---|---|---|---|
| 동생이 바쁘다 | 친구가 산을 좋아하다 | 형이 스키를 타고 싶어 하다 | 폴 씨가 찜닭을 먹고 싶어 하다 |
| 부산 | 속초 | 평창 | 안동 |
| 해운대/자갈치 시장 | 설악산/절 | 스키장/스키 박물관 | 하회마을/찜닭 맛집 |
| 자갈치 시장/국제시장 | 절/바다 | 스키 박물관/양떼목장 | 찜닭 맛집/갈비 맛집 |

2 여러분은 한국에 부모님이 오시면 어디에 가고 싶어요? 친구와 이야기해 보세요.

부모님하고 어디에 가고 싶어요?

왜 그곳에 가고 싶어요?

그곳에 어떻게 갈 거예요?

부모님하고 뭘 꼭 해 보고 싶어요?

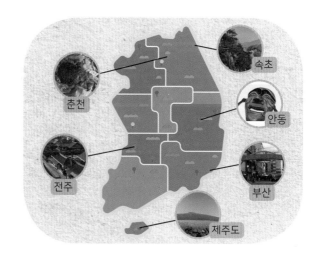

새단어  세우다 | 절 | 양떼목장

## 듣고 말하기

● 여러분은 패키지여행을 해 봤어요? 어땠어요? 다음을 듣고 대답해 보세요.

**1** 폴 씨는 왜 패키지여행을 가려고 해요?

_____

**2** 폴 씨는 이번 여행에서 무엇을 꼭 해 보고 싶어 해요? 맞는 것을 고르세요.

①

②

③

④

**3** 맞는 것을 고르세요.

① 조엔 씨는 패키지여행을 해 보지 못했어요.
② 폴 씨는 작년에 부모님하고 안동 여행을 했어요.
③ 폴 씨는 수업이 끝난 후에 여행사에 전화할 거예요.
④ 조엔 씨 부모님은 여행에서 계속 음식을 따로 드셨어요.

● 배낭여행이나 패키지여행의 좋은 점과 나쁜 점은 무엇이에요? 친구와 이야기해 보세요.

> 저는 패키지여행을 해 봤어요.
> 식당이나 호텔을 예약하지 않아서 편했어요.

> 저도 배낭여행을 해 봤어요.
> 하지만 혼자 여행해서 힘들었어요.

 새단어   여행사 | 생각 | 따로

# 읽고 쓰기

● 여러분은 한국에서 어떻게 여행해 봤어요? 다음을 읽고 대답해 보세요.

## ✦춘천 여행, 같이 해요!✦

여러분은 어떤 여행을 하고 싶으세요? 서울에서 가까운 곳에 가고 싶으세요?
그러면 춘천에 가 보세요. '다가 여행사'에서는 즐거운 춘천 여행을 준비하고 있어요.

1. **어떻게 가요?**
   토요일 아침 8시에 서울역에서 버스로 출발해요.

2. **춘천까지 얼마나 걸려요?**
   서울에서 춘천까지 두 시간쯤 걸려요.

3. **어디에 갈 거예요? 거기에서 뭐 할 거예요?**

 →  →

| | | |
|---|---|---|
| 먼저 '소양강 스카이워크(Sky Walk)'에 갈 거예요. 소양강 다리 위에서 걷고 사진도 찍을 거예요. | 그리고 춘천 시장을 구경할 거예요. | 배를 타고 남이섬에 갈 거예요. 친구하고 자전거를 타 보세요. 또 산책도 해 보세요. 작은 기차를 타고 남이섬을 구경해 보세요. |

4. **점심에 뭘 먹을 거예요?**

 시장 근처 식당에서 닭갈비를 먹을 거예요.

5. **언제 다시 서울에 돌아올 거예요?**
   밤 9시쯤 돌아올 거예요.

**어떠세요? 같이 여행하고 싶으세요? 그러면 지금 바로 예약하세요!**

**1** 루카스 씨는 '다가 여행사'의 춘천 여행을 예약했어요. 춘천에 가서 무엇을 할 수 있어요? 모두 고르세요.

①
②
③
④

**2** 루카스 씨는 하경 씨하고 같이 여행할 거예요. 남이섬에 가서 뭘 하면 좋아요?

①
②
③
④

**3** 맞는 것을 고르세요.

① 여행 기간은 토요일부터 일요일까지예요.
② 점심 식사를 하기 전에 남이섬에 갈 거예요.
③ 이 여행은 짧은 여행을 하고 싶은 사람이 예약하면 좋아요.
④ 버스가 서울역에서 8시에 출발하면 춘천에 9시쯤 도착해요.

새단어　바로 | 기간

여러분이 여행사 사장이에요. 여행 일정을 어떻게 만들고 싶어요? 여행 계획에 대해서 써 보세요.

어떤 여행을 만들고 싶어요?

여행 장소는 어디예요?

몇 시에 출발해서 몇 시에 돌아올 거예요?

거기에 어떻게 갈 거예요?

거기에서 무엇을 할 거예요?

무슨 음식을 먹을 거예요?

새단어  일정

📝 **자음동화 2** 🎧 15-5

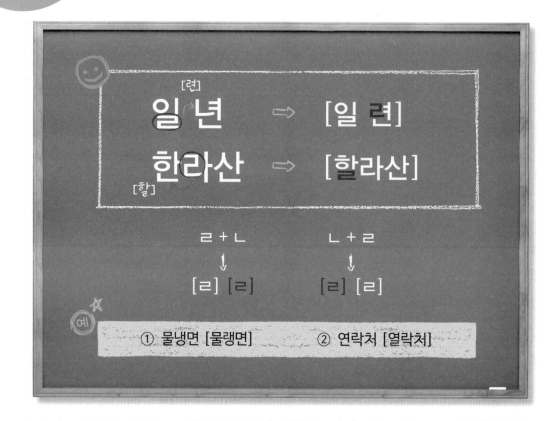

● **들어 보세요.**

① 설날　　　　② 사물놀이　　　③ 실내　　　④ 편리하다

● **듣고 따라해 보세요.**

① 일 년 후에 고향에 돌아갈 거예요.

② 제주도에 가면 한라산에 가 보세요.

③ 가　무슨 음식을 좋아해요?
　　나　물냉면을 좋아해요.

④ 가　장홍 씨의 연락처를 알아요?
　　나　네, 잠깐만 기다리세요.

새단어　연락처 | 실내 | 편리하다

# 우리반 이야기

SEOULTECH

English class

# 모범 답안

## Unit 8 주말에 뭐 할 거예요?

26p

**남자** 자르갈 씨, 주말에 뭐 할 거예요?

**여자** 집에서 쉬거나 요리할 거예요. 왜요?

**남자** 이번 토요일에 같이 인사동에 갈까요? 인사동에서 축제를 해요. 미술관이 무료이고 한국의 전통 춤 공연도 있어요.

**여자** 좋아요. 같이 가요. 언제 어디에서 만날까요?

**남자** 토요일 1시에 학교 앞에서 만나요.

**여자** 네, 좋아요.

## Unit 9 비가 와서 도봉산에 가지 않았어요

42p

**여자** 빅토르 씨, 어제 한강 공원 어땠어요?

**남자** 날씨가 흐리고 더워서 한강 공원에 가지 않았어요.

**여자** 기분이 안 좋았겠네요. 어제는 밤에도 정말 더웠어요.

**남자** 네, 너무 더웠어요. 하경 씨, 한국 사람들은 여름에 무슨 음식을 자주 먹어요?

**여자** 삼계탕하고 팥빙수를 많이 먹어요. 특히 삼계탕은 건강에 좋아요.

**남자** 저도 지난주에 삼계탕을 먹었어요. 팥빙수는 맛이 어때요?

**여자** 시원하고 맛있어요. 수업 끝나고 같이 팥빙수를 먹을까요?

**남자** 좋아요. 같이 먹어요.

## Unit 10 뭘 드시겠어요?

58p

**여자1** 뭘 드시겠습니까?

**남자** 저는 스테이크 주세요. 줄리 씨는 뭐 드시겠어요?

**여자2** 저는 햄버거를 먹고 싶어요. 햄버거 세트로 주세요.

**여자1** 손님, 죄송합니다. 세트 메뉴는 점심에만 팔고 저녁에는 팔지 않습니다.

**여자2** 그래요? 그럼 스파게티로 주세요.

**여자1** 네, 스테이크하고 스파게티 드리겠습니다. 음료수도 드시겠습니까?

**여자2** 네, 저는 콜라 한 잔 주세요. 장홍 씨는요?

**남자** 저도 콜라를 마실게요.

**여자1** 손님, 주문 확인하겠습니다. 스테이크하고 스파게티, 콜라 두 잔 맞습니까?

**남자** 네, 맞아요.

**여자1** 알겠습니다. 잠시만 기다려 주십시오.

## Unit 11 지하철로 한 시간쯤 걸려요

74p

**안내방송** 이번 역은 혜화, 혜화역입니다. 내리실 문은 왼쪽입니다.

**남자** 조엔 씨, 우리 혜화역에서 내려요?

**여자** 아니요, 동대문역에서 내려요. 그리고 다시 111번 버스로 갈아탈 거예요.

**남자** 폴 씨 집이 학교에서 정말 머네요.

**여자** 네, 집에서 학교까지 1시간쯤 걸려요. 하지만 폴 씨는 항상 학교에 일찍 와요.

**남자** 맞아요. 한국어 공부도 열심히 해요. 그런데 조엔 씨도 폴 씨 집에 처음 놀러 가요?

**여자** 아니요, 지난주에도 폴 씨 집에 가서 요리를 배웠어요. 폴 씨가 한국 음식도 잘 만들어요.

**남자** 저도 폴 씨한테 요리를 배우고 싶어요.

**여자** 그럼 이따가 폴 씨한테 이야기해 보세요.

## Unit 12 약을 드시고 푹 쉬어야 해요

88p

**여자** 어서 오세요. 어떻게 오셨어요?

남자 밤에 잠을 못 자서 왔어요.

여자 요즘 스트레스가 많아요?

남자 네, 공부가 어려워서 스트레스가 많아요.

여자 그럼 하루에 한 번 저녁을 먹고 이 약을 드세요. 그리고 커피를 마시지 말고 밤에 휴대폰도 보지 마세요.

남자 알겠습니다. 약을 다 먹고 병원에 또 와야 돼요?

여자 네, 한 번 더 오세요. 그리고 산책이나 운동도 해 보세요.

남자 네, 감사합니다. 안녕히 계세요.

## Unit 13  이번 주말에 영화 볼 수 있어요?

102p

남자 조엔 씨, 미안하지만 내일 약속 시간 좀 바꿀 수 있어요?

여자 왜요? 무슨 일 있어요?

남자 네, 회사에 일이 생겨서 2시까지 코엑스에 못 가요.

여자 그래요? 회사 일이 언제쯤 끝나요?

남자 아직 잘 모르겠지만 3시쯤 끝날 거예요.

여자 그럼 4시에 빅토르 씨 회사 근처에서 만날까요?

남자 좋아요. 제가 일이 끝난 후에 조엔 씨에게 전화할게요.

여자 네, 알겠어요. 저도 집에서 출발하기 전에 연락할게요.

남자 좋아요. 내일 만나요.

## Unit 14  한국에서 도자기를 만들어 봤어요?

117p

여자 선우 씨, 다음 주에 고향에서 친구가 와요. 어디를 구경하면 좋아요?

남자 남산이나 인사동이 어때요? 외국 사람들이 한국에 오면 많이 가요.

여자 그곳은 지난봄에 가 봤어요.

남자 그럼 광장시장은 어때요? 줄리 씨, 거기도 가 봤어요?

여자 아니요, 아직 가 보지 못했어요.

남자 광장시장은 한국 음식이 유명하니까 꼭 가 보세요. 그리고 한복 가게도 많으니까 쇼핑도 해 보세요.

여자 알겠어요. 광장시장은 지하철로 갈 수 있어요?

남자 네, 지하철 1호선을 타면 갈 수 있어요. 오후에는 사람이 많으니까 오전에 가세요.

여자 네, 고마워요.

## Unit 15  친구가 안내해 주기로 했어요

132p

여자 폴 씨, 장홍 씨하고 안동에 가기로 했어요?

남자 네, 이번 주말에 갈 거예요. 그런데 우리가 외국인이라서 패키지여행을 가려고 해요.

여자 그것도 좋아요. 저도 작년에 부모님하고 패키지여행을 해 봤어요. 유명한 곳을 버스로 다녀서 편했어요. 그리고 음식하고 호텔도 괜찮았어요.

남자 저는 안동찜닭을 맛집에서 먹어 보고 싶어요. 하지만 패키지여행을 하면 가고 싶은 식당에 갈 수 없어요.

여자 그럼 여행사에 전화해서 이야기해 보세요. 제 부모님께서 매운 음식을 못 드셨어요. 그래서 우리 가족만 한 번 다른 식당에 가서 먹었어요.

남자 좋은 생각이에요. 조엔 씨, 수업 후에 전화해 볼게요.

여자 그래요. 안동에 가서 즐거운 시간 보내세요.

### Unit 8 주말에 뭐 할 거예요?

#### 1 V-(으)ㄹ 거예요

동사와 결합하여 정해지지 않은 미래의 일이나 상황을 나타낼 때 사용한다. 주어가 1인칭일 때는 화자의 미래 계획이나 의지를 나타내기도 한다. 동사 어간에 받침이 있으면 '-을 거예요', 받침이 없거나 'ㄹ'받침이 있으면 '-ㄹ 거예요'가 붙는다.

#### 2 V-(으)ㄹ까요?

동사와 결합하여 상대방에게 어떤 일을 함께 하자고 제안할 때나 상대방의 의견을 물어볼 때 사용한다. 대답할 때는 청유의 의미가 있는 '-아요/어요'나 '-(으)ㅂ시다'를 사용하여 답한다. 동사 어간에 받침이 있으면 '-을까요?', 받침이 없거나 'ㄹ'받침이 있으면 '-ㄹ까요?'가 붙는다.

#### 3 V-거나

동사와 결합하여 선행절이나 후행절의 상태나 행동 중에서 하나를 선택함을 나타낸다. 선행절과 후행절의 동사가 같으면 선행절의 동사를 생략하여 'N이나/나'(12과)의 형태로 사용할 수 있다.

#### 4 A/V-고(나열)

동사, 형용사와 결합하여 시간 순서와 상관없이 두 가지의 사실을 나열할 때 사용한다. 두 가지 사실을 나열하는 것이므로 앞의 내용과 뒤의 내용의 순서가 바뀌어도 의미가 달라지지 않는다. 과거나 미래의 일을 말할 때 '-고' 앞에는 과거형이나 미래형을 사용하지 않는다. 선행절과 후행절의 주어는 같아도 되고 달라도 되지만 주어가 같을 경우 뒤의 주어를 생략할 수 있다.

### Unit 9 비가 와서 도봉산에 가지 않았어요

#### 1 'ㅂ' 불규칙

'ㅂ' 받침으로 끝나는 동사나 형용사 중 일부는 모음으로 시작하는 어미와 결합할 때 받침 'ㅂ'이 '우'로 바뀐다. 단 '돕다', '곱다'는 '오'로 바뀐다. '입다', '잡다', '뽑다', '좁다' 등은 불규칙 활용을 하지 않는다.

#### 2 A/V-지 않다

앞선 행동이나 상태를 부정할 때 사용한다.

#### 3 A/V-아서/어서

동사, 형용사와 결합하여 선행절이 후행절의 이유나 원인을 나타낼 때 사용한다. 어간의 모음이 'ㅏ, ㅗ'로 끝나면 '-아서', 그 외의 모음으로 끝나면 '-어서'가 오며, '하다'로 끝나면 '해서'로 바뀐다. 명사의 경우에는 '이라서/라서'를 사용한다. '-아서/어서' 앞에는 과거나 미래시제가 올 수 없으며 후행절에 명령문이나 청유문을 쓸 수 없다.

#### 4 A/V-겠-

미래나 추측을 나타낼 때 사용한다. 1인칭 주어일 때는 화자의 강한 의지를 나타내고, 일기예보나 안내 방송에서 자주 사용한다. 또한 말할 때의 상황이나 상태를 보고 추측하며 과거를 추측할 때는 '-았/었/했겠어요'를 붙인다.

### Unit 10 뭘 드시겠어요?

#### 1 V-고 싶다

동사와 결합하여 화자가 자신의 희망을 말할 때 사용한다. 또한 화자가 자신이 아닌 다른 사람의 희망을 말할 때는 'V-고 싶어 하다'를 사용한다. 이때 주어는 3인칭이며 '나, 너, 우리'는 사용할 수 없다.

## 2 V-고 있다

동사와 결합하여 어떤 동작이 진행 중이거나 계속됨을 말할 때 사용한다.

## 3 A/V-(으)시-

동사, 형용사와 결합하여 문장의 주어가 되는 사람을 높여서 말할 때 사용한다. 보통 높이는 대상 뒤에는 '께서'를 붙인다. 동사, 형용사의 어간이 자음으로 끝날 경우에는 '-으시-', 어간이 모음으로 끝날 경우에는 '-시-'가 붙는다. 명사의 경우에는 명사에 받침이 있으면 '이시-', 받침이 없으면 '시-'를 붙인다.

## 4 V-(으)세요

동사와 결합하여 비격식 상황에서 화자가 상대방에게 공손하게 명령하거나 권유할 때 사용한다. 어간이 자음으로 끝날 경우에는 '-으세요', 어간이 모음으로 끝날 경우에는 '-세요'가 붙는다.

## Unit 11 지하철로 한 시간쯤 걸려요

## 1 N으로/로

명사와 결합하여 어떤 행동의 수단이나 도구를 말할 때 사용한다. 이때 결합하는 명사는 보통 교통수단, 언어, 도구를 나타내는 것이다. 또한 이동의 방향을 말할 때도 사용하는데 보통 뒤에는 '가다, 오다, 갈아타다'와 같이 변화를 나타내는 동사가 온다. 명사에 받침이 있으면 '으로', 받침이 없거나 'ㄹ'받침이 있으면 '로'를 붙인다.

## 2 V-(으)러 가다/오다

동사와 결합하여 어떤 행동을 할 목적으로 가거나 옴을 말할 때 사용한다. 어간이 자음으로 끝날 경우에는 '-으러 가다/오다', 어간이 모음으로 끝날 경우에는 '-러 가다/오다'가 붙는다.

## 3 V-아서/어서(순차)

동사와 결합하여 앞의 일과 뒤의 일이 시간 순서에 따라 일어날 때 사용한다. 이때 일어난 행동들이 서로 관련성이 있어야 한다. 보통 '가다, 오다, 서다, 앉다, 건너다, 내리다, 만들다, 일어나다'와 같은 동사와 함께 사용한다. 어간의 모음이 'ㅏ, ㅗ'로 끝나면 '-아서', 그 외의 모음으로 끝나면 '-어서'가 오며, '하다'로 끝나면 '해서'로 바뀐다.

## 4 'ㄹ' 탈락

동사, 형용사의 어간이 'ㄹ'로 끝나는 경우, 'ㄴ, ㅂ, ㅅ'으로 시작하는 어미가 오면 'ㄹ'이 탈락된다. 또한 매개모음 '으'로 시작하는 어미와 결합할 때는 '으'를 넣지 않는다.

## Unit 12 약을 드시고 푹 쉬어야 해요

## 1 V-지 마세요

명령을 나타내는 '-(으)세요'의 부정형으로 동사와 결합하며 어떤 행동을 금지할 때 사용한다.

## 2 N이나/나

명사와 결합하여 앞이나 뒤의 명사 중에서 하나를 선택함을 나타낸다. 명사에 받침이 있으면 '이나', 받침이 없으면 '나'가 붙는다.

## 3 못 V

동사 앞에 결합하여 동사의 행동이 불가능하거나 행동을 할 수 없음을 나타낸다. 명사와 '하다'가 결합된 동사일 경우에는 'N 못 하다'로 사용한다.

## 4 V-아야 하다(되다)/어야 하다(되다)

동사와 결합하여 어떤 일을 할 필요나 의무가 있음을 나타낸다. 어간의 모음이 'ㅏ, ㅗ'로 끝나면 '-아야 하다(되다)', 그 외의 모음으로 끝나면 '-어야 하다(되다)'로 바뀐다. '하다'로 끝나면 '해야 하다(되다)'로 바뀐다.

## Unit 13  이번 주말에 영화 볼 수 있어요?

### ● 1  V-(으)ㄹ 수 있다/없다

어떤 일이 일어날 가능성이나 어떤 일을 할 수 있는 능력을 말할 때 사용한다. 그러한 가능성이나 능력이 있을 때는 '-(으)ㄹ 수 있다'를 사용하고, 없을 때는 '-(으)ㄹ 수 없다'를 사용한다. 동사 어간에 받침이 있으면 '-을 수 있다/없다', 받침이 없거나 'ㄹ' 받침이 있으면 '-ㄹ 수 있다/없다'가 붙는다.

### ● 2  V-(으)ㄹ게요

동사와 결합하여 화자가 어떤 행동을 할 것을 청자에게 약속할 때 사용한다. 동사 어간에 받침이 있으면 '-을게요', 받침이 없거나 'ㄹ' 받침이 있으면 '-ㄹ게요'가 붙는다. 주어는 1인칭 주어로 '저, 나, 우리'만 사용할 수 있다.

### ● 3  V-기 전에

동사와 결합하여 뒤의 행동이 앞의 행동보다 먼저 일어남을 나타낸다.

### ● 4  V-(으)ㄴ 후에

동사와 결합하여 어떤 행동을 먼저 한 다음에 뒤의 행동을 함을 나타낸다. 동사 어간에 받침이 있으면 '-은 후에', 받침이 없거나 'ㄹ' 받침이 있으면 '-ㄴ 후에'를 사용한다.

## Unit 14  한국에서 도자기를 만들어 봤어요?

### ● 1  V-아 보다/어 보다

동사와 결합하여 경험했음을 말할 때 사용한다. 보통 과거형과 함께 사용하여 '-아 봤다/어 봤다'로 사용한다. 어간의 모음이 'ㅏ, ㅗ'로 끝나면 '-아 보다', 그 외의 모음일 경우에는 '-어 보다'를 붙인다. '하다'로 끝나는 동사에는 '해 보다'를 붙인다.

### ● 2  V-지 못하다

동사와 결합하여 어떤 일을 할 수 없거나 능력이 부족함을 말할 때 사용한다. '-(으)ㄹ 수 있다/없다(13과)'는 어떤 일이 불가능함을 나타내지만 '-지 못하다'는 주변 상황 때문에 화자의 의지대로 일이 되지 않음을 나타낸다.

### ● 3  A/V-(으)면

동사, 형용사와 결합하여 뒤에 오는 내용에 대한 조건을 말할 때 사용한다. 동사, 형용사의 어간이 자음으로 끝날 경우에는 '-으면', 어간이 모음으로 끝날 경우에는 '-면'이 붙는다.

### ● 4  A/V-(으)니까

동사, 형용사와 결합하여 앞의 내용이 뒤의 내용에 대한 이유나 판단의 근거임을 말할 때 사용한다. 동사, 형용사의 어간이 자음으로 끝날 경우에는 '-으니까', 어간이 모음으로 끝날 경우에는 '-니까'가 붙는다. 뒷문장에는 주로 '-(으)세요, -지 마세요, 같이 -아/어요, 같이 -(으)ㄹ까요?' 등이 온다.

## Unit 15  친구가 안내해 주기로 했어요

### ● 1  V-(으)려고 하다

동사와 결합하여 어떤 행동을 할 의도나 계획이 있음을 말할 때 사용한다. 동사의 어간이 자음으로 끝날 경우에는 '-으려고 하다', 어간이 모음으로 끝날 경우에는 '-려고 하다'가 붙는다.

### ● 2  A-(으)ㄴ N

형용사와 결합하여 앞말이 뒤에 오는 명사를 수식할 때 사용한다. 이 문법을 사용하면 뒤에 오는 명사의 구체적인 속성이나 상태를 나타낼 수 있다. 어간이 자음으로 끝날 경우에는 '-은', 어간이 모음으로 끝날 경우에는 '-ㄴ'이 붙는다. 하지만 '있다', '없다'의 경우에는 '-는'을 붙인다.

### ◐ 3  N보다

명사와 결합하여 비교하는 대상을 말할 때 사용한다. 비교의 대상은 동일하며 '보다' 뒤에 '더, 훨씬'과 같은 단어를 함께 사용할 수 있다.

### ◐ 4  V-기로 하다

동사와 결합하여 결심하거나 약속할 때 사용한다. 결심하거나 약속한 것이 현재일 때는 '-기로 하다', 과거일 때는 '-기로 했다'를 사용한다.

ㅇ

ㅈ

어휘 색인 · **149**

MEMO

# 한국어 1B

| | |
|---|---|
| 초판 인쇄 | 2021년 3월 24일 |
| 초판 발행 | 2021년 3월 31일 |
| | |
| 기획 | 서울과학기술대학교 국제교육본부 |
| 지은이 | 서울과학기술대학교 국제교육본부 교재 집필진(이용숙, 여순민, 한주경, 민진영) |
| 홈페이지 | klc.seoultech.ac.kr |
| 주소 | 서울시 노원구 공릉로 232 서울과학기술대학교 어학원 |
| 전화 | 02)970-9219, 9220 ~ 9223 |
| | |
| 펴낸곳 | 한글파크 |
| 펴낸이 | 엄태상 |
| 책임편집 | 권이준, 양승주 |
| 디자인 | 이건화 |
| 조판 | 김성은 |
| 콘텐츠제작 | 김선웅, 김현이 |
| 홈페이지 | www.sisabooks.com |
| 주소 | 서울시 종로구 자하문로 300 시사빌딩 |
| 주문 및 교재문의 | 1588-1582 |
| 팩스 | 0502-989-9592 |
| 이메일 | book_korean@sisadream.com |
| 등록일자 | 2000년 8월 17일 |
| 등록번호 | 제1-2718호 |

ISBN 978-89-5518-852-3 (13710)